El Deseo esencial

Colección «EL POZO DE SIQUEM»
256

Javier Melloni, SJ

El Deseo esencial

Editorial SAL TERRAE
Santander – 2009

Imprimatur:
✠ Vicente Jiménez Zamora
Obispo de Santander
15-09-2009

Polígono de Raos, Parcela 14-I
39600 Maliaño (Cantabria)
Tfno.: 942 369 198 / Fax: 942 369 201
salterrae@salterrae.es / www.salterrae.es

Diseño de cubierta:
María Pérez-Aguilera
mariap.aguilera@gmail.com

Impreso en España. Printed in Spain
ISBN: 978-84-293-1829-6
Depósito Legal: SA-593-2009

Impresión y encuadernación:
Publidisa

«En primer lugar apareció el Deseo,
que fue el primer germen del pensamiento».
(*Rig Veda* X, 129 [ss. XII-X a.C.])

«El Deseo del Absoluto
es el único anhelo digno de todos los seres».
(*Kena Upanishad,* IV, 6. [ss. VIII-V a.C.])

«Mientras estamos en esta tierra,
entre el vacío del ser humano y la plenitud final,
se extiende el deseo (...).
El alma se ensancha con el deseo de lo que busca.
Como el amor de aquí abajo no nos puede saturar,
engendra el deseo.
Estoy ante ti con todo mi deseo».
(AGUSTÍN DE HIPONA [s. V])

«Entre Tú y yo
hay un soy yo que me atormenta».
¡Apártese de nosotros mi soy yo!»
(AL-HÂLLÂJ [ss. XI-X])

«Mientras el sediento busca el agua,
el agua está buscando también al sediento».
(JALÂL AL-DÎN RÛMÎ [s. XIII])

ÍNDICE

PREFACIO

«¿Dónde lo han conocido los seres humanos para desearlo así? ¿Lo han visto, acaso, para amarlo? Lo tenemos, no se sabe cómo».

(AGUSTÍN DE HIPONA)

Nos descubrimos atravesados de deseos, con un anhelo permanente de algo más. Deseos de toda forma y especie: luminosos y oscuros, alcanzables e imposibles, ágiles y obsesivos, permitidos y prohibidos, atávicos y sutiles, siempre nuevos y siempre antiguos. Deseos que, en su aparente dispersión, son expresión de una única pasión: vivir. El impulso de la vida desplegándose en nosotros y expresándose a través nuestro.

Esta vida que vive y se desvive en cada uno proviene de un origen todavía más fontal: de Dios mismo, el Ser primordial que está más allá y más acá de todo lo que es, y del que toda criatura es noticia por el mero hecho de existir. La Vida y toda forma de vida emanan de este

Fondo original y originante en el cual se engendran todos los seres. Procedemos de la única Vida, la vida de Dios, de ese Fondo abierto y libre, uno y simple. De Él brota una potencia que, saliendo de sí misma, engendra. Engendrando, da forma y aparecen los seres. Toda forma contiene esa fuerza que participa de su fuente. Esta potencia en la que Dios se halla –y ella en Dios– está en el interior de cada criatura; es por ella que, en el decir del Maestro Eckhart, son y reverdecen. Esta noble potencia que surge de Dios y que está en los seres como resonancia y nostalgia de su origen es lo que aquí llamamos e identificamos como el *Deseo esencial*.

Los anhelos de todos los seres son participación y manifestación de esa única aspiración: remontar hasta el Ser primordial, permanecer en el Ser que nos da el ser. Tal es el Deseo esencial. No hablamos de retornar a Dios, porque a Dios no lo hemos dejado jamás. Dios no puede ser dejado, porque en Él «vivimos, nos movemos y existimos», según las palabras inspiradas de Pablo en el Areópago de Atenas. El anhelo de los seres es anhelo de ser, el cual participa del deseo de formar parte de Quien nos hace ser. Todo lo existente participa de esta única aspiración: permanecer en el Ser que nos da el ser, cuya esencia es anhelo de hacernos participar de su ser.

Así, somos deseo de Dios en un doble sentido: desde el punto de vista nuestro, *tenemos* deseo de Dios, anhelo de reunificarnos con el Origen, que nos hace participar de Él por medio de la existencia; desde el punto de vista de Dios, *somos* su Deseo. Creados como expansión de su ser, somos la forma, la expresión, el contorno y la ocasión de su Deseo. Somos Él en su acto de darse en nosotros, y Él es nosotros en la forma acabada de nuestro anhelo.

Este Deseo es tanto despliegue como repliegue de Dios en Dios. En este flujo de éxtasis y enstasis, de *exitus* y *reditus*, acontece la aventura de todos los tanteos, de todas las búsquedas, hallazgos y extravíos, de todos los impulsos y de todas las pasiones, de todo aquello que nosotros, criaturas de anhelos inagotables e imposibles, somos receptáculo. De manera que todos nuestros movimientos son manifestación de este único impulso del Ser que nos hace participar de su ser a través de las formas crecientes de existencia.

Este Deseo es proceso y proyecto también. Nuestro tiempo requiere de una orientación y educación en medio de tanta confusión de anhelos. Por ello, este ensayo puede ser concebido como una mistagogía del deseo, en tanto que propone un recorrido iniciático por los diversos ámbitos de la existencia, concibiéndolos como expresiones de un dinamismo ascendente que experimentamos de modos diversos, hasta alcanzar la plenitud de lo que estamos llamados a ser y que ya somos sin saberlo.

INTRODUCCIÓN

«Lo Infinito en lo finito,
el más en el menos que se realiza
por la idea de lo Infinito,
se produce como Deseo.
No como Deseo que se apacigua
con la posesión de lo deseable,
sino como el Deseo de lo Infinito
que lo deseable suscita,
en lugar de satisfacer»
(EMMANUEL LEVINAS)

EL deseo es un éxtasis que nos conduce fuera de nosotros mismos, una aspiración por alcanzar un bien y un anhelo que están siempre trascendiéndonos. De aquí su etimología: *de-siderare*, «tender hacia los astros». El deseo está ligado a la sensación y al estremecimiento de la separación, de la ausencia y del vacío. Ésta es nuestra condición como criaturas arrojadas a la vida: constatar continuamente nuestra carencia radical, la *ananké* de los griegos. Es esta misma escasez, esta necesidad la que nos pone en movimiento hacia nuestra compleción.

1. La omnipresencia del deseo

Múltiples pensadores han hablado del deseo como el dinamismo fundamental y constitutivo del ser humano: desde el *eros* de Platón hasta la *libido* de Freud; desde el *atravesar* de Eckhart hasta el *élan vital* de Henri Bergson; desde el *conatus* de Spinoza hasta la *voluntad* de Schopenhauer. Maurice Blondel, por su parte, distingue entre *volonté voulue* y *volonté voulante*, que podemos traducir como *deseo deseado*, el impulso que se detiene cuando se consigue lo que se desea, y *deseo deseante*, el movimiento inagotable del ser hacia horizontes siempre por alcanzar[1].

Hemos de distinguir planos y niveles de realidad, y ello explica los diversos ámbitos que trataremos: la sensación de carencia provoca el deseo de cosas, lo cual está relacionado con el hambre y con el tener; la experiencia de separación y de abandono nos impulsa a relacionarnos con las demás personas, lo cual lo pondremos en relación con el amor y con el poder; la sensación de fragmentación y falta de sentido suscitan la búsqueda de belleza y de conocimiento. Todo ello revierte en una u otra forma de acción, ya que tales impulsos se canalizan en la transformación de nuestro entorno, lo que configura las

---

1. Cf. *L'Action* [1893], IV, El ser necesario de la Acción, 1. El conflicto, BAC, Madrid 1996, pp. 322-332.

diversas culturas de la tierra. En el término del recorrido abordaremos la oración, la cual lo atraviesa todo tenaz y silenciosamente, anhelando la consumación final.

Estos ámbitos del deseo son fuente de creatividad y crecimiento, pero también lo pueden ser de bloqueo y regresión, según el modo y grado con que se dé tanto su satisfacción como su frustración. El deseo es un dinamismo que nos impulsa hacia aquello que queremos obtener, pero también puede convertirse en un obstáculo. Puede ser torpe y ciego, ya que sólo nos permite ver lo que entra en su campo de interés. Por lo que tiene de perturbador, las corrientes orientales tratan de extinguirlo. Dice el Bhagavad Gita: «El deseo (*kâma*) lo oscurece todo, al igual que el humo oscurece el fuego y el polvo impide que el espejo refleje la imagen, o al igual que el feto está cubierto por su envoltorio» (3,38). *Kâma* es equivalente al *eros* griego. Aparecen también otros términos en los textos de Oriente: *raga*, atracción por el placer[2]; *trishna*, avidez; *tanha*, sed. Sin embargo, ni el hinduismo ni el budismo eliminan el verdadero deseo, sino que transmutan su potencial en determinación para recorrer el camino. En el hinduismo, esta energía primordial se conoce como *Ojuh*. Procede de la raíz *oj-*, que significa vigor, vitalidad, fortaleza, lo cual se traduce en una actitud de empeño por alcanzar la liberación. *Ojuh* es el hálito que hace posible todas las energías del ser humano. Quien conquista el *Ojuh* está en el camino real hacia lo que siempre fue, antes y después del cuerpo y de la mente.

---

2. Tal es la palabra que, por ejemplo, utiliza PATANJALI en sus *Aforismos del Yoga*, II, 1, 3 y 7.

Las tradiciones antiguas personificaron los diversos estados psíquico-espirituales distinguiendo entre dioses y demonios (*suras* y *asuras* en el hinduismo y en el budismo). Con ello exteriorizaban las etapas del recorrido hacia la liberación, donde los estados superiores que quedan por alcanzar se presentan como dioses benéficos y luminosos, mientras que los que han sido superados se convierten en oscuros, letales y demoníacos. Esto significa que las mismas acciones o tendencias que son buenas y útiles para unos pueden ser nocivas para otros. Comenta Shankara: «Yendo al encuentro de los dioses, los anti-dioses son las inclinaciones de los sentidos que, por su naturaleza, pertenecen a la tendencia desintegradora. Son las actividades de las energías vitales en todos los ámbitos de la sensación que buscan en la vida (*asu*) su placer (*ra*)»[3]. Tan esencial es satisfacer y expandir el deseo como saber contener toda la gama de sus posibles tanteos.

El camino que recorreremos aquí no es la eliminación del deseo, sino su transformación. En estas páginas, la existencia será concebida como la oportunidad de pasar de una indiferenciación primera a un estado de unión final o de no-dualidad, a través de la experiencia de la individuación; por medio del deseo y del anhelo de unión, el ámbito de la carencia y de la angustia de la separación se va abriendo hacia ámbitos más elevados de existencia, de comportamiento, afecto y conocimiento. A su vez, la aventura del deseo consiste en descubrir que lo que bus-

---

3. Comentario de SHANKARA al *Chandoya Upanishad* 1,2,1, en: ALAIN DANIÉLOU, *Mythes et dieux de l'Inde*, Flammarion, Paris 1994, p. 215.

camos fuera se halla en uno mismo: en el prodigioso hecho de ser. El deseo recorre, pues, dos caminos: el de la exterioridad, hacia las diversas formas del tú y del ello que complementan nuestro yo, y el de la interioridad, donde se descubre presente en cada cual Aquello y a Aquel que se buscaba fuera.

Esta Presencia, que está siempre presente, se va abriendo lentamente a nuestra consciencia como su fondo donde permanece. Pero ello no se produce sin un enorme trabajo sobre nuestras avideces y anhelos, primitivos e insistentes, cuya impaciencia por colmarse de presas nos ofusca y nos agita, en lugar de disponernos a acoger la maravilla de lo que se nos ofrece.

2. Sobre la libido y otras aclaraciones

A esta fuerza ancestral y totalizante de la vida inscrita en nosotros Freud le llamó *libido*. Este almacén de energía adquiere diferentes formas y está siempre en busca de un objeto de satisfacción para calmar su anhelo. La objeción que se ha hecho a la psicología freudiana es reducir la libido a la pulsión sexual. Uno de sus discípulos, Wilhelm Reich, que rompió con su maestro, todavía radicalizó más esta postura mediante su teoría del Orgón[4]. En Reich, la

4. *Orgón* es un neologismo creado por WILHELM REICH como resultado de la contracción de orgasmo y organismo. Cf. *The bion experiments. On the origins of life* (1938); *La función del orgasmo. Descubrimiento del Orgón,* vol.1 [primera versión: 1927; segunda: 1942], Paidós, México 1984; *La biopatía del cáncer. Descubrimiento del Orgón*, vol.2 (1942); *Superimposición cósmica: las raíces orgónicas del Hombre en la naturaleza* (1951).

energía sexual es elevada casi a categoría cósmico-mística, en cuanto que la percibe como la energía básica del universo. Ninguno de los citados autores niega la existencia de otros impulsos, sino que ambos ven en la pulsión sexual la base fisio-psicológica de todos los demás.

Retomamos sus intuiciones, pero incorporándolas en un horizonte más amplio. Etimológicamente, «libido» alude a la «experimentación de un deseo violento». Sería el nombre de las fases más remotas del Deseo Esencial, un flujo de energía que, desde el comienzo, está constituido por el principio de trascendencia. En palabras de Gilbert Durand, un autor desconocido en nuestras latitudes que ha indagado los pliegues de la condición humana:

> «La libido puede ser asimilada a un impulso fundamental donde se confunde el deseo de eternidad con el proceso temporal, tal como le sucede a esa *voluntad* tan impropiamente llamada por Schopenhauer; necesidad tan pronto padecida y amada como detestada y combatida. La libido tiene el sentido de desear en general y de sufrir la inclinación de ese deseo. Aparece también como la intermediaria entre la pasión ciega y vegetativa que somete al ser al devenir y al deseo de eternidad que quiere suspender el destino mortal, almacén de energía del que se sirve el deseo de eternidad, o contra el cual, por el contrario, se irrita. Deseo de eternidad para querer superar la totalidad de la ambigüedad libidinosa y organizar el devenir ambivalente de la energía vital en la liturgia dramática que totaliza el amor, el devenir y la muerte»[5].

---

5. GILBERT DURAND, *La estructura antropológica de lo imaginario*, Taurus, Madrid 1982, pp. 186-187.

Con el paso de los años, Freud fue madurando su reflexión y constató que, junto a la pulsión de vida (*eros*), existía también una pulsión de muerte (*thanatos*). Pulsión que no hay que identificar con la agresividad, la cual proviene del instinto de la vida en forma de autodefensa. Al contrario, la pulsión de muerte es una claudicación del deseo de vivir, una tendencia a la destrucción y a la autodestrucción que supone una regresión hacia etapas de vida anterior hasta el estado inorgánico, en busca de una quietud o pasividad totales. En algunos momentos, Freud llegó a llamarlo el *principio Nirvana*[6], término que significa «extinción». Estos dos principios pertenecen a la última etapa de Freud; intuidos por él, quedaron sin aclarar. Una de las aportaciones de la psicología transpersonal de las últimas décadas ha consistido en sugerir que este *principio Nirvana* no estaría detrás, sino delante. No se trataría de un movimiento regresivo, sino progresivo: hacia estados más elevados de vida, de una existencia ya no autocentrada, sino vaciada de sí. Reencontramos así el dinamismo del Deseo esencial, que no se dirige hacia la extinción, sino hacia la vida verdadera, la cual implica –eso sí, y radicalmente– la muerte del ego, la liberación de una existencia replegada sobre sí misma.

Desde otro punto de vista, en la escuela psicoanalista lacaniana se establece una distinción decisiva entre necesidad y deseo. La necesidad es hija de la repetición, mientras que el deseo implica novedad, apertura a la alteridad, y conlleva un principio de transcendimento. En

6. En *Más allá del principio del placer* [1920], *Obras Completas*, vol. XVIII, Amorrortu, Buenos Aires/Madrid 2007[12], p. 86. También lo menciona en *Nuevas conferencias sobre psicoanálisis* (1932).

un mismo movimiento, la necesidad de nutrirse despierta en el niño el deseo de la madre, la cual, a su vez, es metáfora de un deseo superior; así se desarrolla la capacidad simbólica, donde el objeto del deseo no se agota en sí mismo, sino que deviene pasaje hacia horizontes más amplios de significación y plenitud[7].

La necesidad no es libre, sino resultado de un automatismo. Incluye aquello que consideramos imprescindible para vivir. En los animales, las necesidades están reguladas por los instintos. Los instintos son cadenas de reflejos de comportamientos producidos por evocaciones sucesivas cuando los centros internos están sensibilizados. En el plano instintivo, el deseo inconsciente es un automatismo indisociable de la necesidad[8]. En los animales, el deseo no es libre, sino que está ligado a la necesidad. Todo su ser se encuentra dentro del deseo, sin una conciencia capaz de identificarlo ni de pensar: «yo deseo». «El animal es un ser de necesidades que tiene pocos deseos. La necesidad crea en él un automatismo afectivo de deseo que desaparece con la satisfacción de la ne-

7. Cf. DENIS VASSE, *Le temps du désir*, DDB, Paris 1969.
8. Los organismos vivos no son sólo activados, sino que también son atraídos; no son sólo frenados, sino que también pueden ser rechazados. Esto es lo que se conoce como *tropismos*, una reacción psicológica o un automatismo afectivo elemental que existe en todos los seres vivientes. Los tropismos se pueden condicionar a base de crear estímulos gratificantes o desagradables. Parece que en el nivel unicelular se da ya un interés por el cambio y por lo nuevo, que atrae la atención de la célula. Este comportamiento de exploración desaparece cuando el ambiente no cambia, y reaparece cuando se modifican las condiciones. Toda célula contiene un automatismo de deseo y de búsqueda de autosatisfacción. Parece ser que el instinto de evitar lo desagradable prevalece sobre la atracción por lo agradable. La predilección por algo sólo se da en estadios más elevados.

cesidad»[9]. Por ello podemos decir que los animales tienen necesidades, instintos y reacciones, pero no deseos, por lo menos no en el grado o en el sentido en que los tenemos nosotros.

En cambio, lo propio del ser humano no son los instintos (entendidos como mecanismos automáticos de comportamiento), sino las pulsiones y los deseos, los cuales se pueden satisfacer o contener de diferentes maneras y se van personalizando mediante la libertad y la conciencia. Las pulsiones son las demandas de la energía libidinal que están configuradas por la historia de cada cual y están condicionadas por la repetición constante de gratificación o desagrado. El condicionante externo acaba arraigando no sólo en el psiquismo, sino también en la fisiología. Hay un gran margen de indeterminación entre lo que es innato y lo que es adquirido. Por otro lado, el funcionamiento de nuestro cerebro hace que lo que es real para nosotros no sea el objeto exterior, sino la imagen que interiorizamos. El registro cerebral es el que determina nuestras necesidades y nuestros anhelos. Esto significa que somos capaces de deseos infinitos.

El Deseo esencial es más que necesidad. Forma parte del proceso de personalización, de la asimilación libre de aquello que estamos llamados a ser y se da en la relación, no en la devoración. El Ser total no tiene prisa en ser alcanzado, porque nunca lo hemos abandonado. Llevamos quince mil millones de años desde que se puso en movimiento el despliegue de la materia hacia la consciencia, y desde la consciencia hacia el espíritu en esta espacio-

9. PAUL CHAUCHARD, *Fuerza y sensatez del deseo. Análisis del eros*, Herder, Barcelona 1974, p. 34.

temporalidad que llamamos universo. *Uni-versus*, esto es, expansión de lo existente que se *vierte* en una *única* dirección: hacia su origen, que es al mismo tiempo su meta, sin que en ningún momento haya dejado de estar en Quien, siendo, hace que las cosas y los seres sean. En palabras de Teilhard de Chardin:

> «Omega, Aquél en quien todo converge, es, recíprocamente, de Quien todo irradia. Imposible situarle como un foco en la cumbre del Universo sin difundir, al mismo tiempo, su presencia en lo íntimo del menor paso de la Evolución»[10].

El Deseo esencial se abre camino, ocultamente, a través de los vericuetos del azar, las disoluciones de la entropía, los gemidos de la necesidad y el anhelo de infinito inscrito en nosotros.

3. Los tres tiempos del deseo

En medio de este oleaje continuo, ascendente e incontenible, de la vida que avanza orientada por el Deseo esencial, no podemos dejar de constatar que, además de los impulsos constructivos, posibilitadores de más existencia, hay otros que son devastadores y aniquiladores. Entre medias, existe toda una gama de tanteos que entretienen sin hacernos avanzar ni retroceder, pero que pueden acabar intoxicándonos y que terminan por tener un efecto regresivo. Y es que, como hemos visto, en el dinamis-

10. *La energía humana*, Taurus, Madrid 1967, p. 160.

mo de la vida hay también una resistencia, una inercia, una imantación hacia estadios anteriores en los que, paradójicamente, también deseamos detenernos para dejar de ser. Algo que en el plano de la materia se corresponde con el principio de entropía.

Los deseos están constituidos por dos vectores: la expansión y la contención. Por su expansión, el deseo emerge y crece, constituyéndose en dinamismo de búsqueda y de apertura. Pero no siempre puede ni debe hallarse en estado de despliegue, sino que también ha de pasar por fases de renuncia. El deseo que siempre se sacia acaba siendo destructivo y devastador como el cáncer, que devora todo lo que encuentra a su paso. Necesita su polo complementario: un límite que le ponga cauce y también dirección. Esta articulación es extremadamente difícil y sutil. En ello consiste el aprendizaje de vivir, el arte de prender y desprenderse en los diversos ámbitos de la existencia.

Freud halló reflejado este aprendizaje dramático en el mito de Edipo, el rey que, sin saberlo, se acuesta con su madre, mata a su padre y acaba arrancándose los ojos[11]. La madre representa la satisfacción de todos los deseos, mientras que el padre encarna lo que se interpone a esta satisfacción. El conflicto irresoluble acaba, en el mito griego, en desesperación. Valiéndonos de él, podemos hablar de un deseo pre-edípico, marcado por la insaciabilidad, por un anhelo totalizador que no sabe distinguir

11. SÓFOCLES lo desarrolló a lo largo de una trilogía: *Edipo Rey*, *Antígona* y *Edipo en Colono*. Una lúcida explicación sobre este mito puede hallarse en: ALEXANDER LOWEN, *Miedo a la vida*, Era Naciente, Buenos Aires 1998, pp. 257-343.

las causas ni los efectos del deseo. En él prima la dependencia y la ansiedad por su consumación. La criatura es toda avidez, apetito, codicia incluso, incapaz de soportar el aplazamiento de la satisfacción. Sólo hay anhelo de pecho, símbolo de la saciedad incontenible e inaplazable, fuente inagotable de goce y de placer, que se idealiza como el Bien absoluto cuando se hace presente y que se odia y se denigra cuando se ausenta, sin que haya consciencia alguna de alteridad.

En la etapa edípica se toma conciencia de la conflictividad, del límite y de la imposibilidad de saciar ese deseo totalizante. Aparecen entonces la rabia, el temor y la culpabilidad, constelación que nos acompañará toda la vida si no somos capaces de desandar y desanudar sus causas. La figura paterna representa el principio de realidad. Pone un tope al deseo. El padre toma consigo a la madre y la retiene apartándola de la criatura y privándole de quien es la fuente de todo su placer, satisfacción y afecto imaginables. De la frustración nace la rabia y el impulso de destruir el obstáculo. Esta furia está contenida por dos frenos: el temor a ser castigado por haber expresado –o ni siquiera expresado, sino sólo sentido– la irritación; y la culpabilidad por haber deseado la desaparición del padre, que es quien se interpone entre el deseo y la madre. Las dos figuras parentales nos acompañan a lo largo de la vida, siendo encarnadas por diversos personajes o situaciones: la madre se prolonga en todo aquello –personas, objetos o situaciones– que posibilita la satisfacción y la saciedad, mientras que el padre está representado por todo aquello que lo imposibilita. Mientras no hay comprensión de estos roles, que también se proyectan hacia el Ser absoluto, es imposible poner orden en nuestro mundo interno, que se va organizando desde que somos muy pequeños.

El deseo post-edípico está marcado por la capacidad de contención. Ello supone conciencia y responsabilidad. El deseo ya no es una fuerza ciega, totalizante y omniabarcante como en la primera etapa, que deja a merced de sus tempestades; tampoco es esa etapa represora marcada por la culpabilidad y el temor al castigo, sino que uno comienza a ser conocedor de sus propias pulsiones y anhelos y se va haciendo sabedor de sus límites y de sus posibilidades, dejando entrar la alteridad, donde los demás ya no son meros objetos u obstáculos para llenar el propio vacío, sino que se reconocen como personas, también ellas sujetos de necesidades y deseos, comenzando por los propios padres. En esta etapa también se ha purificado el anhelo por alcanzar al Ser último: la avidez de infinitud, todavía llena de reminiscencias regresivas hacia el útero materno en orden a eludir el propio vacío, se va transformando en donación y entrega, en abandono y confianza a un Tú o a un Todo libre de autorreferencias.

En estas tres etapas edípicas encontramos el ritmo del deseo que vamos a presentar aquí: satisfacción-contención-trascendimiento.

La búsqueda de satisfacción está inscrita en el instinto de vida; pero hay que estar atentos a su carácter repetitivo y regresivo. Existe en nosotros una tendencia constitutiva a la fijación, en la medida en que toda pulsión tiende a buscar su saciedad mediante la reconstrucción de la primera experiencia gratificante. En palabras de Freud: «Tan pronto como la necesidad se manifieste de nuevo, habrá, merced a la relación establecida entre la excitación y la imagen grabada en la memoria de la satisfacción, desencadenamiento de un movimiento psíquico que investirá de nuevo la imagen memorizada de esta percepción; a este movimiento es a lo que llamamos deseo»[12]. Desde esta perspectiva, el deseo tiene que ver más con el pasado que con el futuro, porque toda experiencia placentera provoca un mecanismo de repetición; el deseo se despierta como una anticipación de fruición de algo que ya conocemos, con lo cual, pensando que nos proyectamos hacia delante, en verdad quedamos anclados en el pasado. «La inteligencia, con su capacidad de fantasear y de calcular, amplía incesantemente esta función anticipadora. La imaginación seduce por la ausencia que figura y describe. Y como la ausencia puede ser indefinida, el deseo humano es desmesurado, infinito»[13]. Esto explica el potencial tanto progresivo como regresivo del deseo. En la concepción freudiana, el deseo pertenece plenamente a la vía corta y fácil del *principio del placer,* el cual está vinculado a nuestras tendencias regresivas. Por el contrario, el *principio de realidad* es la vía larga y difícil, que no se da sin renuncia y sin aflicción por la pérdida de los objetos antiguos. En la concepción freudiana, el principio de realidad acabaría por eliminar cualesquiera formas de creencia religiosa, las cuales se sostienen por el principio de placer, esto es, de satisfacción.

Como alternativa a esta contraposición entre el principio de placer (reino de la satisfacción) y el principio de realidad (reino de la renuncia), el Deseo Esencial está re-

---

12. *La interpretación de los sueños* [1901], *Obras Completas,* vol. V, Amorrortu, Buenos Aires/Madrid 2007[11], pp. 557-558.
13. José Antonio Marina, haciéndose eco de Paul Ricoeur, en *Las arquitecturas del deseo*, Anagrama, Barcelona 2007, p. 78.

lacionado con un tercer principio, el de trascendencia, que lleva a una *plenitud vacuizante*. Con ello trato de integrar la vía positiva de Occidente y la vía negativa de Oriente, considerando que la meta del Deseo esencial es la plenitud de lo humano, cuya consumación no satura el ego, sino que lo vacía, abriéndolo a lo Real. *Sûnyatâ*, vacuidad, es un término que procede de la raíz *sun-*, que significa «dilatar», indicando el espacio desalojado que se abre para posibilitar existencia, como el vientre materno se expande para dar cabida al feto. Vacío, pues, como disposición para engendrar posibilidades infinitas del Ser, en el que el fondo de lo Real se vacía para darnos a luz y dejarnos ser. En este tercer principio, placer –o gozo– y realidad coinciden, pero en un plano que trasciende a ambos y que pasa por la superación de las evidencias primarias y egoicas.

El Deseo esencial contiene una dinámica ascendente, un progresivo trascendimiento hacia ámbitos superiores de realidad. Por *superior* entendemos un modo de existencia menos regido por la voracidad y la gratificación autocentradas y más capaz de relacionarse desde la gratitud y la entrega. Si las primeras manifestaciones de la vida están dominadas por el instinto y la necesidad, el avance de la consciencia supone la aparición de pulsiones y deseos que tienden hacia objetos cada vez menos autorreferidos, hasta alcanzar un estado de unión o de nodualidad donde ya no hay separación entre sujeto deseante y objeto deseado, ni entre el ser individual y el Ser total, alcanzando así la quietud y el gozo de ser. De este modo, reconocemos una progresión que se despliega en tres tiempos: necesidad-deseo-plenitud, en una sucesión creciente que se desarrolla tanto en la filogénesis (la evolución de las especies) como en la ontogénesis (el desarrollo de cada ser individual), hacia capas superiores de vida y de conciencia.

A lo largo de las páginas siguientes recorreremos diferentes ámbitos de nuestra existencia, desde los más elementales hasta los más elevados. Cada capítulo se presentará en tres tiempos, en base a una concepción ternaria del ser humano, compuesto de cuerpo, psiquismo y espíritu, lo cual se corresponde con una sucesión de estadios que van desde los más densos hasta los más sutiles, desde lo más tosco y autocentrado hasta lo más abierto, entregado y libre. De este modo, cada capítulo contiene un dinamismo ascendente. A su vez, veremos que cada ámbito del deseo puede ser desplegado de forma progresiva o regresiva. Estar atentos a la dirección que marca el Deseo esencial es lo que permite discernir en cada momento la calidad de un anhelo y el modo de satisfacerlo.

1

Respiración y Deseo esencial

*«Una de las contemplaciones del cuerpo en el cuerpo
es la contemplación de la respiración.
Su atención, cultivada y practicada con asiduidad,
da mucho fruto y es muy beneficiosa».*

(SIDDHARTHA GAUTAMA, EL BUDA)

NUESTRA vida es una sucesión de anhélitos. Inspirar es lo primero que hacemos al nacer, y expirar es lo último que haremos al morir, cuando dejemos la corporeidad, nuestro vehículo de consciencia en la Tierra. Por el acto continuo de respirar sostenemos nuestro deseo primordial: vivir. La primera respiración es un llanto. Antes de nacer no sabíamos ni de nuestro deseo ni de nuestra necesidad. De repente, las dos cosas se convierten en una: necesitamos y deseamos el aire para poder seguir viviendo. Este impulso es inconsciente y perdura durante el sueño y en estado de coma. Es un automatismo que está inscrito en cada una de las células de nuestro organismo, anhelantes de oxígeno para realizar la combustión química y energética que nos mantiene vivos. Cuanto más básica es la necesidad, tanto más instintiva, ya que la vida toma a su cargo la misma vida tratando de asegurar su continuidad.

Ahora bien, la respiración, siendo el vehículo primordial para nuestra pervivencia, resulta ser, al mismo tiempo, uno de los medios más aptos para alcanzar las regiones más puras de la conciencia y del espíritu. A través de esta conexión con lo más elemental de la existencia, accedemos al mismo tiempo a las mayores profundidades de la experiencia interior. Seres extrovertidos a causa del instinto de supervivencia, tenemos la sensación, cuando estamos atentos al flujo y reflujo de aire en nosotros, de regresar a casa, y experimentamos una extraña plenitud.

1. El intercambio primordial

Retomemos con más detenimiento el proceso. Nuestra vida depende de una combustión química que sucede continuamente en cada una de las células de nuestro organismo. Transformaciones que nos superan y que no están controladas por nuestra consciencia, sino por una compleja organización refleja que regula estas operaciones desde hace miríadas de años. Para que hubiera vida sobre la Tierra, antes tuvo que crearse el oxígeno necesario para la combustión, el cual es resultado de un lento proceso de combinación de gases: a partir del hidrógeno, el gas más antiguo y abundante del universo, se formó el helio, y a partir de éste el carbono; el oxígeno apareció a partir de una combinación de ambos. La mezcla progresiva de átomos y moléculas fue dando paso a organizaciones cada vez más complejas que favorecieron el origen de la vida. El fenómeno de la complejidad también será necesario para propiciar los estadios sucesivos de la consciencia.

Los organismos han desarrollado diversas estrategias de supervivencia, esto es, de generación y combustión de energía (*ergosía*). Los animales y los seres humanos lo hacemos por medio de la respiración aeróbica y del aparato digestivo[1]. Al inspirar, nos cargamos de oxígeno, y con la exhalación expulsamos anhídrido carbónico, colaborando ecológicamente así con el mundo vegetal, en el que la transformación de gases sucede en sentido inverso. Esta complementariedad entre las diversas especies es un exponente de la comunión cósmica: el mundo vegetal exhala lo que el mundo animal inhala, y viceversa. Prodigioso exponente de reciprocidad.

El oxígeno es también básico para la reproducción y regeneración celular. El cuerpo humano está compuesto por unos mil billones de células: bastante más que todas las estrellas presentes en nuestra galaxia. De todas estas células, seiscientos mil millones mueren cada día, siendo reemplazadas por igual número. Cada segundo, nuestro cuerpo regenera más de diez millones de células. La regeneración de la sangre se produce en los vasos capilares de los pulmones. Se calcula que en veinticuatro horas pasan por los ellos alrededor de diecisiete mil litros de san-

1. Ello constituyó una ventaja con respecto a la respiración no aérea, ya que se pudieron degradar completamente los componentes orgánicos y disponer de una mayor riqueza bioenergética. La mayoría de los organismos vivos han pasado de una respiración anaerobia (que actúa por fermentación, en la que intervienen dos ATP por molécula de glucosa) a una respiración aerobia que permite la síntesis de un mayor número de moléculas de ATP (treinta y ocho por molécula de glucosa). Las ATP son moléculas de trifosfato de andensina, que contienen un alto potencial de energía, debido a sus fosfatos, los cuales, en contacto con el oxígeno, producen una combustión química que se convierte en energía para el organismo.

gre. Si no llega a los pulmones suficiente cantidad de aire nuevo, la corriente venosa no se purifica, y ello significa no sólo que el cuerpo queda escaso de nutrición, sino que los desperdicios que habrían podido ser destruidos vuelven a la circulación, envenenando el organismo. Ello explica que la sangre de los que respiran de modo inapropiado y escaso tienda a oscurecerse, perdiendo la brillantez de la sangre arterial, cuestión que se refleja también en el escaso brillo de los ojos y de la piel.

En las últimas décadas, Oriente se ha aproximado a Occidente ofreciendo unas técnicas de respiración que nos ha permitido reencontrar el contacto perdido con el cuerpo y con su ritmo sanador. Lo sorprendente de este retorno y de esta atención es que ayuda a armonizar capas más hondas de nuestro ser.

2. Otro aire en el aire

Lo que nos dicen las diversas corrientes que proponen la práctica de la atención a la respiración es que el aire contiene un elemento más esencial y sutil. En el hinduismo se llama *prâna,* «energía vital», «aliento». El *prâna* designa el principio universal que subyace a todo movimiento, fuerza o energía, ya se manifieste como gravitación, como electricidad o como cualquier forma de vida, desde la suprema hasta la ínfima. Se le puede considerar el alma de la fuerza o de la energía en todas sus manifestaciones, el principio que activa las diversas formas de la vida. Todo ello hace que en el yoga y las demás prácticas meditativas de Oriente la atención y control de la respiración tenga suma importancia.

Si el oxígeno es utilizado por el aparato circulatorio, el *prâna* es utilizado por el sistema nervioso, intensificando su vitalidad. Del mismo modo que el oxígeno de la sangre se consume según las necesidades del organismo, cada movimiento, cada acto de voluntad, cada pensamiento... consume una cierta cantidad de fuerza nerviosa, que es una modalidad del *prâna*. Respirando, no sólo inhalamos oxígeno, necesario para el plano material, sino que recibimos también esta energía primordial y transmaterial que nutre los planos psíquico, mental y espiritual.

La respiración comienza en el diafragma. Este movimiento abdominal tiene efectos en diversos órganos internos, que también se benefician del vaivén respiratorio. La inspiración debe hacerse siempre por las fosas nasales, por donde circulan los *nadis,* corrientes de energía. Así, la respiración se convierte en pasaje de comunión cósmica, con una inmensidad presente pero invisible. Cuando el *prâna* circula por los canales adecuados, la conciencia se pacifica, y la mente se despierta. «El resultado de liberar la respiración de sus molestias es que el velo que oculta el objetivo se desvanece, y la mente queda preparada para concentrarse», dice Patanjali[2]. Una *Upanishad* expresa así la importancia de llegar a tener conocimiento y control de la respiración (*prânayama*):

> «En el corazón hay cinco aperturas a los dioses. La apertura del este es *prâna*. Es el ojo, es el sol. Se debe meditar sobre él como calor y como alimento. Quien conoce esto así se torna brillante y robusto (...). Quien conoce estos cinco guardianes del mundo celeste al-

---

2. *Aforismos del Yoga,* II,52-53.

canza el mundo celeste. Porque la luz que brilla en el alto cielo, en todas partes, sobre todas las cosas, en los mundos supremos que no conocen nada más alto, es la misma luz que brilla aquí, dentro del ser humano»[3].

En China esta energía se conoce con el nombre de *Qi*, la cual se concibe como un aliento desbordante de inmensidad. Su esencia y su función es la misma que el *prâna* hindú: constituye la fuerza vital de todos los seres, su palpitación invisible, el principio que da energía a todo lo existente en un flujo continuo entre el cielo y la tierra en continua interacción. Es el invisible tejedor que opera todos los cambios y transformaciones del universo. Todos los fenómenos, desde la creación de las galaxias hasta los intercambios celulares, están hechos de *Qi*. Es la manifestación del Tao, su inmanencia en el mundo. Cuerpo, mente y espíritu son expresiones de este principio universal. Por ello está presente en los nombres de las diversas prácticas meditativas y energéticas chinas: *Tai Qi* («Energía Fundamental»), *Qi Gong* («Trabajo sobre la Energía»), *Reiki* (en japonés, «Energía universal»). El espíritu (*shen*) es la expresión más sutil del *Qi*, mientras que su manifestación más densa es la corporal (*jing*). Las distintas técnicas de meditación tratan de refinar la esencia corporal del *Qi* a través de determinados movimientos coordinados con la respiración meditante la atención de la mente.

Por lo que tienen de intangibles y portadores de vida, respiración y soplo divino se asocian en los textos de las tradiciones religiosas. El *prâna* indio y el *Qi* chino se

3. *Chândogya Upanishad* III,13,1.6-7.

pueden poner en relación con el *ruah* hebreo, el *ruh* islámico y el *pneuma* griego. En las religiones teístas, este aliento del espíritu es trascendente. La Biblia presenta en el principio de la Creación al *Ruah* divino aleteando sobre las aguas como un gigantesco albatros (Gn 1,2). Aparece en otras manifestaciones divinas inspirando y ungiendo a sabios y profetas[4]. En el Nuevo Testamento aparece todavía más explícitamente como fuerza engendradora (Lc 1,35) que hace renacer (Lc 3,22; Jn 3,7-8), que estremece de gozo (Lc 1,41; 10,21), que ilumina y revela (Jn 16,2; Hch 2,2; 4,8; 7,55; Col 1,9), que escruta las profundidades de Dios (1 Co 2,10-15) y que gime en toda la creación (Rm 8,22-26).

3. Los cuatro tiempos de la respiración

Este recorrido por el ámbito de la fisiobiología y de los campos energéticos nos ha preparado para dar un tercer paso: la respiración como escuela del deseo y vehículo del Deseo esencial. El oxígeno es al cuerpo lo que la consciencia es a la mente y lo que el espíritu (*spiritus*, «aliento») es al alma: la fuente de su energía vital. Mediante la atención, los tres ámbitos se unifican para coinspirar en la transformación del ser integral y dinamizar el Deseo esencial. La paradoja de la respiración radica en que, cuanto más ávidos estamos, tanto más superficial se vuelve, menos nos satisface y peor es la oxigenación. En

4. Cf. Ex 35,31; Jc 6,34; 14,6; 1 Re 19,12-13; Is 11,2; 42,1; 44,3; Ez 1,4; 3,12; 8,3; 36,26; 37,5.9.14; Joel 3,1-2; Sal 18,16.

cambio, cuando se atiende a su fluir, conduce a un estado en el que la mente se calma y permite hacerse receptivo a regiones más hondas del *spiritus*.

Múltiples escuelas de meditación tratan de conectar con este ritmo básico por el que el ser humano está recibiendo y entregando sin cesar. Al inspirar, se recibe la vida y todo lo que ella da; y al exhalar, uno va aprendiendo a darse con el aire que da. Cada respiración es un nacer y un morir, y por ello se puede convertir en el vehículo más adecuado para aprender a vivir y también para dejar de temer la muerte. Se trata de introducirse en el ritmo de prender y desprenderse de que están hechas todas las situaciones de nuestra existencia. Atendiendo más profundamente a este flujo y reflujo del aire en nuestro organismo, se descubre que se pueden difractar en cuatro tiempos: inhalación, retención, exhalación y mantenerse en el vacío[5].

El primer tiempo responde a la necesidad que tenemos de tomar aire para recibir el oxígeno que necesitamos aproximadamente cada cuatro segundos. Ello nos dispone para acoger y nos ejercita en la actitud de recibir. Aprendemos que no se trata ni de arrebatar el don que se nos da ni de rechazarlo. En el modo de inspirar se desvela nuestra apertura a las diversas cosas, personas y situaciones que se nos presentan. Indica nuestro modo de situarnos con disponibilidad ante la realidad. Es también un retorno a uno mismo, el camino de vuelta a casa. Observando cómo el aire entra en nosotros, se van abriendo

5. Para una explicación más detallada, me remito a: KARLFRIED GRAF DÜRKHEIM, *Meditar: por qué y cómo*, Mensajero, Bilbao 1989.

estancias que, de otro modo, permanecen ocultas a nuestra consciencia.

Retener la inhalación corresponde al tiempo de colmarse y gozar de esa plenitud. Se trata de aprender a gustar y sentir interiormente el aire tomado, dándole tiempo a que se distribuya por todo el cuerpo, sintiendo los pulmones llenos. Supone la capacidad de interiorización y de saber permanecer en ese estado de recogimiento en contacto con el propio mundo de adentro.

La exhalación se corresponde con el momento de dar y de abandonarse. En las prácticas de meditación se enseña a prolongar el tiempo de la expiración; en una respiración correcta debería durar el doble de tiempo que la inspiración. Es el adiestramiento de la entrega, de la donación de sí. Si no nos desprendemos de lo que hemos recibido, nos intoxicamos. Se trata de tomar consciencia de que hay un tiempo para tomar y otro para soltar, un tiempo para prender y otro para dejar ir, entregándose uno mismo en este exhalar.

El cuarto tiempo apenas es perceptible en la respiración ordinaria. Cuando la exhalación es profunda, el soltar y el abandonarse se prolongan hasta el final, hasta el extremo, de modo que se llegue a permanecer unos instantes o varios segundos –según sea la práctica– en el vacío. Esta vacuidad permite experimentar que el ser humano puede sostenerse en la nada sosegadamente, sin inquietarse, a la vez que nos hace conscientes de nuestra necesidad de recibir, lo cual es escuela para la humildad del ego.

La inspiración siguiente adviene entonces como un don, como un aliento ascendente que adquiere una profundidad mayor gracias al hecho de haber experimentado el vacío anterior, lo cual lleva a una retención más profunda y, posteriormente, a una exhalación-donación más plena que une a la tierra, para volver a experimentar ese vacío que va dejando de ser temible para ser cada vez más sanador, purificador y capacitador de ese doble movimiento de recibir y de darse.

Interiorizar estos cuatro tiempos de modo que impregnen todos los ámbitos de la cotidianidad requiere un aprendizaje que dura toda una vida. Es ilustrativo el relato de Eugen Herrigel, filósofo alemán que fue adiestrado en el arte de vivir a través del ejercicio del tiro con arco[6]. Por los años veinte del siglo pasado, llegó al Japón con la intención de introducirse en el zen. Le propusieron la práctica del tiro con arco, iniciación que duró seis años. En su relato explica cómo, impacientemente primero y más pacientemente después, fue aprendiendo a desplazar el interés de su ego por acertar en la diana a hacerse uno con su ser interno. Fue aprendiendo a coordinar su ritmo respiratorio con los pasos de preparación del lanzamiento de la flecha, descubriendo que cada fase era una metáfora:

El momento de tensar la cuerda se corresponde con la inhalación. El arco tensado encierra el universo. Inspirar supone situarse ante el mundo, desplegar y tensar el arco de la propia personalidad, disponerse a estar ante sí mismo, ante los demás y ante la vida.

La retención del aire se corresponde con la correcta colocación de la flecha, dirigiendo la mirada a la diana. Lo que hay que aprender es que no hay que mirar afue-

6. EUGEN HERRIGEL, *Zen en el arte del tiro con arco* [1953], Kier-Gaia, Buenos Aires-Madrid 2005.

ra, sino adentrarse en uno mismo para alcanzar la visión correcta.

Con la espiración se libera y consuma el lanzamiento, que es tanto más fluido y certero cuanto más se ha soltado el ego y cuanto más pleno es el abandono.

En el vacío final de la exhalación sólo queda el resultado, que se recibe sin expectativas ni de éxito ni de fracaso porque ya no hay un yo que pueda atribuírselo, sino sólo saberse partícipe de una Realidad, Presencia o Energía total (*Qi, Pneuma, Ruah*) de la que uno se va haciendo mero instrumento.

A través de esta práctica, en la tradición zen se logra que la ferocidad del cazador se vaya transmutando en una actividad de veneración y adoración por la existencia. Herrigel explica cómo fue logrando entrar en su respiración, de modo que «aprendí a perderme en ella tan despreocupadamente que, a veces, tuve la sensación, no de respirar, sino de ser respirado»[7]. De este modo fue alcanzando un estado «en el que nada definido se piensa, proyecta, aspira, desea ni espera, que no apunta en ninguna dirección determinada y en el que, no obstante, desde la plenitud de su energía, uno se sabe capaz de lo que es posible y lo que es imposible; ese estado, fundamentalmente libre de intención y del yo, que es una genuina presencia de espíritu»[8]. A través de la fidelidad y docilidad a la práctica que le enseñaban, llegó a entender que la diana hacia la que tenía que dirigir la flecha era él mismo. Aprendió que para acertar en el blanco no había de mirar hacia fuera sino hacia el arquero que era él mismo. «En

7. *Op. cit.*, p. 53.
8. *Ibid.*, p. 78.

el estado de vacío absoluto surge entonces el milagroso despliegue de la acción», comentó su maestro[9]. Así lo experimentó el propio Herrigel. Un día, cuando ya había renunciado a acertar con la diana, alcanzó un estado de total desinterés y entrega; de pronto, la flecha dio en la diana sin ningún esfuerzo por su parte. El maestro, que en aquel momento se hallaba presente, se inclinó ante él. Herrigel respondió espontáneamente: «¡Gracias!». A lo que el maestro contestó: «¿Aún te quedan resquicios de ego que te hacen pensar que me inclino ante ti? Me he inclinado ante la Fuerza (*Qi*) que ha salido de ti»[10].

Hasta aquí hemos visto que la respiración, siendo la actividad más básica de la existencia biológica, se puede convertir al mismo tiempo en un vehículo eficaz para acceder a regiones más desprendidas y desegocentradas. La primariedad y ansiedad del respirar para proteger la vida se convierte en el medio para ejercitar actitudes más hondas y gratuitas de acogida y de entrega. Lo más urgente, cercano e inmediato se torna pasaje hacia lo más profundo y trascendente. Y todo ello se da en el presente, en el poder del ahora que calma el deseo porque, al conectarnos con el instante de cada momento, lo único real, nos pone en contacto con el Ser esencial. La inhalación, respondiendo a la necesidad radical de aire, es reflejo del deseo que tenemos del Ser que nos da el ser, y la exhalación es imagen del don en el que estamos llamados a convertirnos. En cada acto respiratorio está contenida la aventura del cosmos y el recorrido de cada existencia individual, su nacer y su morir, desplegados en estos cua-

9. *Ibid.*, p. 140.
10. Cf. *ibid.*, pp. 104-105.

tro tiempos de recibir, contener, entregar y quedarse en el vacío. Adiestrarnos en ello nos permite situarnos de un modo cada vez más hondo y sereno ante la vida.

En último término, el ritmo respiratorio es una metáfora metacósmica: el Ser total desplegándose con su exhalación y reintegrándose con su inspiración. La edad del universo es el tiempo de la respiración divina.

La práctica paciente y sostenida de la atención sobre la respiración está llamada a prolongarse en los ámbitos que vamos a ver a continuación, porque el ascenso a un paso superior supone la integración e incorporación del plano anterior.

2

Hambre, sed y Deseo esencial

«Lo único que sé
es cuándo tengo bastante».
(Inscripción en un cuenco zen)

ASEGURADA la respiración, el segundo peldaño en el reino de la necesidad es la alimentación. Nos adentramos aquí en la fase oral, el primer estadio del desarrollo de nuestro psiquismo. Por estar en juego la supervivencia, en el comer y en el beber se hallan concentradas muchas de nuestras avideces, y en ellas se revelan ansiedades y dependencias o, por el contrario, los espacios de libertad que va abriendo el Deseo Esencial.

La cita que encabeza el presente capítulo está grabada en un recipiente de piedra para contener el agua de la lluvia en el jardín de un templo japonés. En esta sencilla inscripción se halla la sabiduría que se pretende adquirir: el conocimiento del propio deseo para calmar su avidez y llegar hasta la extinción del ego. Mostrando su contorno, el cuenco invita a conocer y reconocer la propia capacidad de acoger y de no desear más de lo que uno puede contener[1].

1. Cf. J.W. HEISIG, *Diálogos a una pulgada del suelo*, Herder, Barcelona 2005, pp. 16-42.

1. Sobre la necesidad de comer y de beber y sus alquimias

En el comer se produce uno de los intercambios más radicales de la supervivencia: devoramos a otros seres para sobrevivir. Cuanto más lejanos en la escala biológica, tantos menos escrúpulos tenemos en engullirlos. No experimentamos compasión por un cogollo de lechuga o por unos garbanzos cuando los pinchamos con nuestros tenedores y los trituramos con nuestros dientes. La compasión o la incomodidad la empezamos a sentir ante el reino animal. Cuanto más frecuentamos una criatura doméstica, tanto más reparo nos da comérnosla. Esto se hace evidente cuando se trata de los demás humanos: uno de los signos de un pueblo civilizado es no practicar la antropofagia. Del mismo modo, cuanto mayor es la calidad humana de una persona, tanto mayor es su sensibilidad en no devorar la vida ajena. Pero el hecho es que vivimos gracias a la vida que arrebatamos a otras especies, animales y vegetales. Nuestra alimentación está compuesta por los productos del medio en que vivimos. Es nuestra manera de adaptarnos a nuestro entorno: lo devoramos para convertirnos en el entorno mismo.

El sostén alimentario es una parte inseparable de la vida, de su duración y calidad. El mero hecho de estar vivos condiciona determinadas necesidades de energía que, de no ser satisfechas debidamente, terminan incrementando el riesgo de enfermar y, en último término, de morir. Tener hambre es signo de vitalidad, mientras que la desgana es una disfunción que indica algún tipo de trastorno. El hambre nos estimula, incluso nos vuelve agresivos, porque el instinto de vivir se apodera de nuestra persona. Para abastecer y mantener el metabolismo –esa transformación bioquímica que se produce sin interrupción y continuamente en el plano celular– se necesita el aporte regular y sistemático de un conjunto de sustancias químicas nutrientes contenidas en los distintos tipos de alimentos que conforman la dieta. A este complejo proceso de producción de energía para mantener en vida a un organismo se le llama técnicamente *ergosis*[2].

Por lo que hace a la sed, se trata de un automatismo de necesidad-deseo que genera el organismo cuando le falta el medio líquido necesario para transportar el oxígeno, los alimentos y los deshechos. El organismo es un medio en permanente cambio que tiene necesidad de algunas constantes para pervivir. Cuando el organismo se aparta de este necesario equilibrio, se pone en juego una serie de correcciones (homeostasis). Tal mecanismo de comparación y evaluación a nivel fisiológico se puede transferir al deseo en general: «La situación real se compara siempre con la situación ideal, y esta evaluación puede sentirse como un déficit doloroso que impulsa a eliminarlo»[3]. El hambre y la sed son, en el plano fisiológico, metáforas de hambres

---

2. Estas sustancias son almacenadas en el cuerpo, por lo que se cuenta con cierta reserva, excepto de oxígeno, que se consume constantemente. Como la vida representa un trabajo constante de todas las células del organismo, requiere una actividad continua de millones de moléculas productoras de energía, cuya combustión comporta una formación constante de ellas (ver final de la nota 1 del capítulo anterior). Tales moléculas se forman al final de los procesos metabólicos en los que son oxidados los nutrientes principales: grasas, carbohidratos (azúcares) y proteínas. A ello hay que añadir minerales y vitaminas. Cualquier déficit en estos elementos puede conducir a una insuficiencia bioenergética; de ahí que sea tan importante atender al equilibrio dietético.
3. José Antonio Marina, *Las arquitecturas del deseo*, Anagrama, Barcelona 2007, p. 47.

y sedes que en otros planos de la existencia surgen como impulsos homeostáticos para calmar diversas formas de desequilibrios internos. El Deseo esencial podría considerarse resultado de la tendencia homeostática del Ser total a retornar a su estado de unidad primera, que ha sido libre y voluntariamente alterado con la aparición y agitación de las existencias individuales. Por lo que de urgencia y de avidez tiene la sed, *tanha* («sed») es el término que utiliza Buda para referirse al deseo.

Considerando que formamos parte de un todo y que la alimentación es combustión de energía, es evidente que nos afecta el tipo de productos que ingerimos. En la cosmología hindú y en la medicina ayurvédica se considera que toda la realidad está constituida por tres cualidades: *sattva*, *rajas* y *tamas*. La naturaleza de *sattva* («bondad», «virtud») es la más noble y sutil; su función es gozar e iluminar; la naturaleza de *rajas* («pasión») es movimiento, y su función es activar y estimular; la naturaleza de *tamas* («oscuridad», «error») es la inercia, y su función consiste en obstruir, limitar o dificultar[4]. Como toda la materia está compuesta por estas tres cualidades, también los alimentos se pueden clasificar según ellas, lo cual hace que haya alimentos *sattváticos* que serenan y purifican la mente y que se han de comer pausadamente, como son las frutas, las verduras, los frutos secos, la miel, granos enteros, el pan integral, etc. Los alimentos *rajáticos* crean reacciones y actitudes combativas y competitivas; a ellos pertenece la carne de animal y todo aquello que contiene ingredientes estimulantes: especies picantes, ajos, cebo-

4. *Sutras del Samkhya,* XIII.

llas, pimienta, vinagre, etc., el azúcar y la harina refinados, el pan blanco, etc.; comer con ansia y avidez se considera *rajásico*. Los alimentos *tamásicos* son todos aquellos que contaminan el cuerpo, creando pesantez, torpeza y somnolencia: productos fermentados, el alcohol y el tabaco; comer en exceso se considera tamásico.

Desde las categorías chinas, los alimentos pueden ser *yin* o *yang*. Lo *yin* está asociado a lo femenino, lo hueco, lo expansivo, lo ascendente, lo pasivo y lo vegetal; lo *yang* está relacionado con lo masculino, lo lleno, lo compacto, lo activo, lo descendente y lo animal. Este carácter bipolar hace que los alimentos produzcan determinados efectos no sólo en el plano orgánico, sino también en el emocional, en el mental y, en último término, en el espiritual[5].

Más allá de las diferencias entre corrientes y escuelas, los presupuestos son los mismos: atender a lo que comemos y bebemos determina no sólo nuestra salud, sino también nuestro estado anímico y espiritual.

Además de la fase digestiva, en la que se desmenuza el alimento, y la asimilativa, en la que lo ingerido, una vez atomizado, se distribuye por todo el organismo a través de la sangre[6], existe una previa, la gustativa, que es fundamental para el presente ensayo. Es ahí donde actúan nuestra mente y nuestro estado psíquico.

---

5. Sobre esta cuestión me remito al Dr. Jorge Pérez-Calvo Soler, *Nutrición energética y salud*, Random House Mondadori, Barcelona 2003.
6. El sistema digestivo se ocupa de convertir las materias complejas que ingerimos en partículas elementales para que puedan ser asimiladas por nuestro organismo: las proteínas son desmenuzadas en aminoácidos; los hidratos de carbono, en glucosa, fructosa o galactosa; y las grasas y aceites, en ácidos grasos y glicerol –un alcohol.

2. De cómo la sociedad de consumo no calma ni colma nuestro vacío

El crecimiento psíquico-espiritual consiste en la educación de la voracidad. Al nacer somos sólo respiración y succión. La supervivencia durante los primeros meses de vida depende de esta relación inmediata con el pecho materno. Por eso Freud denominó *fase oral* a la primera etapa del desarrollo del psiquismo. El crecimiento hacia la madurez se da en relación con la capacidad de soportar la ausencia y la carencia, esto es, las diversas formas de hambre y sed, la primera de las cuales es la fisiológica. Como en los demás planos de la necesidad y del deseo, se trata de alcanzar el equilibrio adecuado entre la satisfacción y la renuncia para no caer en ninguno de los dos extremos: ni en una saturación que incapacite para saber abstenerse, ni en una frustración excesiva que provoque una permanente ansiedad de vacío y desamparo. En términos extremos, ni la bulimia ni la anorexia.

La paradoja de nuestra llamada *sociedad del bienestar* consiste en que no ha atenuado el deseo ni ha calmado la ansiedad. La abundancia no ha detenido la compulsión oral, sino que la ha excitado. El capitalismo vive de la exacerbación del deseo mediante una provocación y una estimulación constantes que conducen a su *per-versión:* el deseo es vertido, derramado sin discreción. Las adicciones son la expresión límite de esta incapacidad de contención. Activan un mecanismo obsesivo que no se calma hasta que se desahoga, pero sin dejarlo nunca satisfecho. La necesidad psico-fisiológica se hace cada vez más apremiante, hasta cambiar el patrón del deseo: ya no se busca el placer, sino evitar el dolor[7]. Esta deriva va en dirección opuesta del Deseo esencial, el cual, al no identificarse con ningún objeto debido a su carácter trascendente, posibilita el ejercicio de la libertad y de la renuncia.

La invención inimaginable de gustos y productos de nuestra sociedad de consumo está generada por un sistema económico que necesita de esta continua producción para subsistir, lo cual nos coloca en un callejón sin salida. Nos lleva a ejercer violencia sobre la naturaleza, criando animales en granjas inhóspitas y haciéndolos crecer forzadamente. Lo mismo se puede decir de los productos transgénicos, cuya alteración molecular afecta a nuestro organismo. Hemos construido un sistema económico orientado a la generación de la máxima riqueza, sin caer en la cuenta del coste deshumanizador y devastador de la naturaleza que ello comporta y que hoy amenaza al planeta.

Tal es el dilema que plantea la existencia de los países ricos y de los países pobres. Luchamos por el desarrollo económico de todos los pueblos y, sin embargo, constatamos lo que sucede cuando se llega a ciertas cotas de desarrollo: cuanta más riqueza generamos, tanto más exigentes nos volvemos y menos capaces de disfrutar con lo que tenemos, así como de tolerar la frustración. Se han hecho experimentos muy aleccionadores con mamíferos. Se separaron dos grupos; a unos se les daba una recompensa inmediatamente después de la señal que la anunciaba. Cuando la señal prometedora no daba paso a la gratificación instantánea prevista, las reacciones emocio-

7. Cf. José Antonio Marina, *op. cit.*, pp. 55-56.

nales eran intensas, y los frustrados respondían con agresividad a una falta que percibían como grave; en cambio, entre los animales a los que se les había recompensado irregularmente no se produjo ninguna reacción de impaciencia o de cólera, como si hubieran adquirido la capacidad de retrasar la satisfacción y de tolerar la frustración. Es decir, en el moldeado precoz del cerebro se juega la capacidad de aplazar una satisfacción; de otro modo, respondemos de inmediato a nuestra pulsión, incapaces de esperar[8]. El exceso de satisfacción en las llamadas *sociedades del bienestar* imposibilita el goce sereno y agradecido, a la vez que ahoga la disposición a compartir, pendientes como estamos de asegurar lo que hemos conseguido. En los países pobres, en cambio, existen dos valores que nuestra cultura ha perdido: la hospitalidad y la acogida, que nacen de ser capaces de tolerar la privación con paciencia, lo cual les hace más abiertos a la alteridad. Nuestras pérdidas son intrínsecas a la dinámica del consumo, que hace que el deseo se convierta en necesidad, y ésta en ansiedad; ante tal urgencia imaginaria y compulsiva perdemos la capacidad de tomar distancia respecto de aquello que creemos que necesitamos, atrofiándonos para el agradecimiento y para la solidaridad. Al crecer la dependencia por satisfacer el deseo, se bloquea la disposición a ir al encuentro del que está al margen de mi pulsión o del que se interpone ante ella. El otro me irrita porque su necesidad pone en cuestión la mía.

Sobriedad y solidaridad van de la mano, porque ambas tienen que ver con una mirada que va más allá de la

8. Cf. BORIS CYRULNIK, *De cuerpo y alma,* Gedisa, Barcelona 2007, pp. 174-175.

voracidad y permiten la epifanía del rostro. Así se comprende la frase de Nicolai Berdiaev: «El cuidado por mi subsistencia es una cuestión material, mientras que el cuidado por la subsistencia de los demás es una tarea espiritual». Los profetas bíblicos enseñan que el camino para salir de las tinieblas y sanar las propias heridas pasa por compartir el pan con el hambriento y albergar al pobre sin techo (Is 58,6-12).

Urge el retorno a un equilibrio perdido entre lo que realmente necesitamos y lo que sólo deseamos, de modo que se dé una repartición más justa entre los humanos y preservemos los recursos del planeta para las generaciones venideras. La pobreza, y más cuando es libremente elegida, es una escuela del deseo. Dice una sentencia budista: «Para quien nunca tiene bastante, la riqueza es siempre pobreza; quien sabe cuándo tiene suficiente, encuentra riqueza incluso en la pobreza»[9]. Dentro de los movimientos sociales y escuelas económicas están surgiendo corrientes que abogan por el *decrecimiento sostenible*[10]. Estas propuestas resultan proféticas en el colapso económico que estamos viviendo, y podrán tener más eco y soporte en la población si van acompañadas por la toma de consciencia de lo que subyace a nuestros impulsos de consumo: la angustia ante el vacío. Será más factible transformar tal ansiedad si somos capaces de conectar con la orientación del Deseo esencial, cuyo dinamis-

9. ASVAGOSA, *Tratado de la sublimidad,* 4,267c.
10. Desde los años setenta, encontramos a autores como Ivan Illich, André Gorz, François Partant, Arturo Escobar, Raimon Panikkar, Nicolas Georgescu-Roegen, el Club de Roma, y actualmente el ecónomo Serge Latouche, con la creación del *Institut d'Études Économiques et Sociales pour la Décroissance Soutenable*.

mo permite desprenderse de los deseos parciales en los que quedamos atrapados. Existe una relación intrínseca entre la sobriedad, el descubrimiento de la interioridad y la interpelación de la solidaridad. Convocando el potencial de esta tríada podremos encontrar la energía que necesitamos para cambiar nuestros hábitos.

3. Hacia una mistagogía de la nutrición

Tenemos la oportunidad y la urgencia de que las tradiciones religiosas aporten su experiencia y sus recursos para convertir el acto de comer en una práctica integral. Como en el caso de la respiración, ello comienza por la atención al modo en que alimentamos y a la naturaleza de lo que ingerimos, lo cual conduce a la contención y a la mesura. El aprendizaje de la moderación no supone el deterioro del organismo, como sucedería en una respiración escasa en oxígeno, sino lograr un equilibrio de los nutrientes según las necesidades de cada uno. En la *Escala del Paraíso* de Juan Clímaco, monje del Sinaí del siglo VII, el decimocuarto escalón está dedicado a «ese maestro ardiente y malévolo que es el vientre». Leemos: «Domina tu vientre antes de que él te domine a ti»[11]; y, después de otras consideraciones, concluye diciendo: «Es sorprendente ver cómo la mente incorporal es ensuciada y oscurecida por el cuerpo, del mismo modo en que, a la inversa, lo inmaterial es purificado y afinado por la arcilla»[12]. Este comentario supera el dualismo cuerpo-espíri-

11. 14, 19, Ed. Sígueme, Salamanca 1998, p. 127.
12. 14, 31, *ibid.*, p. 128.

tu, aunque se exprese en términos duales, porque muestra la interacción de las instancias que nos constituyen, y cómo el control o el descontrol de una repercute en la otra, y viceversa. También en la *Regla* de San Benito se hace referencia a la comida y a la bebida, recomendando equilibrio y mesura[13]. Del mismo modo, Ignacio de Loyola habla de ello en sus *Ejercicios Espirituales,* consciente de que «el régimen del comer influye mucho en la elevación o depresión del ánimo»[14]. De las pautas que propone bajo el título *Reglas para ordenarse en el comer,* destaca la importancia que da a la atención: «Sobre todo se guarde que no esté todo su ánimo atento en lo que come, ni en el comer vaya apresurado por el apetito, sino que sea señor de sí, así en la manera de comer como en la cantidad de lo que come»[15]; y señala que a través de la privación se llega a «sentir más las internas noticias, consolaciones y divinas inspiraciones»[16]. Como tenemos una atención escasa y distribuida, cuando no dispersa, la abstención en un campo nos facilita estar abiertos a otro.

Esta vigilancia comporta la elección de la dieta. Cuanto mayor es el respeto por los demás seres, tanto más crece el cuidado por el origen de los alimentos. La carne de animal sacrificado está cargada de una energía negativa que introducimos en nuestro organismo cuando

---

13. Capítulos 39-41 de la *Regla,* en los que llama la atención la adecuación a la edad, las condiciones y las circunstancias, pero explicitando que se evite cualquier forma de exceso. Cf. *Regla de San Benet*, Publicacions de l'Abadia de Montserrat, Montserrat 1996.
14. Directorio 3,15, en: *Los Directorios de Ejercicios*, Mensajero-Sal Terrae, Bilbao-Santander 2000, p. 27.
15. *Ejercicios Espirituales*, Sal Terrae, Santander 2004, n. 216, p. 127.
16. *Ibid.,* n. 213, p. 127.

la ingerimos. De hecho, en el camino espiritual se da una tendencia hacia el vegetarianismo. Está presente en la vocación monástica de todas las tradiciones, incluida la cristiana[17]. En los monasterios budistas se considera tan importante la carga vibracional de los alimentos que ponen a sus monjes espiritualmente más avanzados en la cocina y en la repartición de la comida, para que con su energía impregnen los alimentos de toda la comunidad.

El siguiente paso se da en la masticación. Cuando más arriba se está en la pirámide evolutiva, tanto más se mastica. Los reptiles sólo engullen a sus presas. La masticación es un signo de evolución. A través de ella nos hacemos más conscientes del mundo en el que vivimos, así como del aquí y el ahora. En los monasterios budistas, cada bocado es masticado treinta veces. Ello tiene un doble efecto: aumenta la insalivación, facilitando el proceso digestivo, y se potencia la atención sobre lo que se está comiendo, permitiendo descubrir y agradecer los matices de gustos y texturas de los diversos productos que ofrece la naturaleza.

El tercer paso consiste en elegir la cantidad de alimento que se va a comer. En la tradición yóguica, se considera que la medida adecuada de la comida principal del día habría de colmar sólo dos terceras partes de la capacidad estomacal. Comer hasta la saciedad entumece la

17. La Regla de San Benito dice explícitamente: «Todos se han de abstener absolutamente de comer carne de cuadrúpedos, excepto los enfermos muy débiles» (cap. 39,11). En la orden cartujana el vegetarianismo se practica más estrictamente, no considerando ninguna excepción con los enfermos. Sin embargo, comen huevos y productos lácticos, con lo cual no practican el vegetarianismo más radical, llamado «vegano», que se abstiene de todo producto derivado directa o indirectamente de animales.

mente y provoca pesantez y sopor. Por otro lado, ingerir un tipo de alimentos requiere compensarlos con otros, según la polaridad *yin-yang* que hemos mencionado. La ingerencia de un buen bistec (*yang*) requiere ser compensada con hidratos de carbono (*yin*), esto es, patatas fritas, que, al llevar un exceso de sal, requieren a su vez azúcares en los postres, lo cual pedirá abundancia de agua o acompañamiento de vino y de licores para ayudar a la digestión, todo lo cual provoca una respiración rápida y superficial, ya que requiere mucha oxigenación para combatir la acidez que ha producido la comida. Todo ello comporta unas fuertes sensaciones gustativas y corporales que implican un alto desgaste para el organismo y también para el planeta, el cual es el supraorganismo que tiene que soportar todos nuestros excesos.

Esta sensibilidad dietética está empezando a llegar a algunos sectores de la población, aunque todavía se ve por parte de algunos como un excentricismo o como una práctica elitista, porque muchos de estos productos vegetarianos, ecológicos o alternativos son caros y difíciles de conseguir. Sin embargo, en el futuro no será una práctica propia de selectos o de aprensivos, sino el único modo de pervivir.

Queda todavía por abordar una última cuestión: el ayuno. Está presente en todas las tradiciones espirituales como uno de los vehículos más aptos para el aprendizaje del deseo. En el Nuevo Testamento, los cuarenta días de Jesús en el desierto son el paradigma de la lucidez que genera contener el hambre. Así pudo detectar las tres tentaciones sobre el tener, el querer y el poder (Lc 4,1-15). Para los Padres del Desierto estaba explícitamente relacionado con el apaciguamiento de la cólera y el dominio de la libido. El tiempo de cuaresma en el cristianismo, así como el ramadán en el islam, responde plenamente a este instinto de las religiones de educar de forma masiva nuestras avideces. Sostenerse ante la exigencia del hambre ayuda a tomar consciencia de que somos más que nuestras necesidades. A través del ayuno se revelan los mecanismos de impaciencia, ansiedad y agresividad que despierta la sensación de vacío, y ello permite identificar el modo de reaccionar que cada uno tiene ante otros requerimientos. El ayuno abre un espacio entre el deseo y su objeto, lo cual permite el ejercicio de la libertad y de la consciencia, a la vez que amplía el horizonte estrecho de la inmediatez. Desde el punto de vista dietético, su práctica periódica también es recomendable para desintoxicar el organismo. Gandhi recurrió en muchas ocasiones a él, considerando que se trataba de un ejercicio integral:

> «Un ayuno auténtico purifica el cuerpo, la mente y el alma. El ayuno es un proceso muy poderoso de purificación que nos capacita del mejor modo posible para cumplir nuestro deber y alcanzar nuestra meta (...). No hay oración sin ayuno. Un ayuno completo es una completa y literal renuncia al yo. Es la oración más auténtica[18].

Bajo la perspectiva de estas páginas, la Eucaristía se puede interpretar como una de las más bellas expresiones de la mistagogía de la alimentación, donde se da un mínimo de gusto para un máximo de Presencia. Somos convocados como devoradores y salimos convertidos en pan

18. *La Verdad es Dios,* Sal Terrae, Santander 2005, pp. 77 y 80.

dispuesto a dejarse comer. Esta transformación, esta transubstanciación, se opera por el mismo acto que hace que el pan se convierta en cuerpo de Cristo. El pan, que representa el reino de la devoración y que está hecho para ser engullido, se convierte en Presencia que libremente se entrega para devenir alimento que nutre la capacidad de darse. Comer a Cristo se convierte en un dejarse comer. La partición y repartición del pan-Cuerpo deviene la metáfora y el sacramento del compartir entre humanos, gracias a la entrega que Dios hace de sí mismo. El sacrificio es la ofrenda de quien renuncia a ser para dar su ser. Todo ello es *eu-xaristikós,* «agradecimiento», signo y símbolo de que todo es don y de que la propia existencia participa de la verdadera Existencia cuando se convierte en entrega, venciendo los impulsos más primitivos de la voracidad. También la sed, saciada en el cáliz, se torna capacidad para convertirse en receptáculo que acoge las necesidades ajenas; calmada la propia avidez, se abre un espacio que da cabida a los demás y permite atender su carencia. En la tradición cristiana, el hambre y sed de la Eucaristía significan el deseo de participar del modo de ser del Ser Esencial, que ha adquirido la forma de nuestras necesidades básicas para elevarlas de nivel.

3

Amor y Deseo esencial

«La atracción entre amantes
forma parte del Amor infinito,
y sin ella el mundo no evolucionaría.
Los objetos avanzan desde lo inorgánico,
pasando por los vegetales,
hasta los seres dotados de espíritu,
gracias a la premura de todos los amores
que desean alcanzar la perfección».

(JALAL AL-DIN RUMI)

«Mi deseo y mi voluntad eran movidos
como una rueda cuyas partes giran todas por igual,
por el Amor que mueve el Sol y las demás estrellas»[1].

(DANTE)

EL ser humano tiene que habérselas con una experiencia radical que debe aprender a asumir a lo largo de toda su vida: la separación. Como criaturas individualizadas, padecemos una triple escisión: respecto del Origen del

---

1. «Già volgeva il mio disio e 'l velle, / si come rota ch'igualmente è mossa, / l'amor che move il sole e l'altre stele»: *La divina Comedia*, Paradiso, Canto XXXIII.

que procedemos y en el que estábamos en estado de indiferenciación; respecto del vientre materno en el que fuimos gestados; y respecto de la división de géneros, que hace que una mitad de nosotros se halle en algún otro. De ahí nacen, recorriéndolos en orden inverso, tres formas del amor y del deseo: *eros, filía* y *ágape*. Estos tres términos describen una progresión en grados de descentramiento entre el yo deseante y el tú deseado. *Eros* está marcado por la fuerza de la pulsión; *filía,* por la reciprocidad del dar y recibir; y *ágape,* por la donación de sí. En el tiempo de *eros* prima la pasión del yo, que se nutre del otro como ocasión de su goce y así calma la ansiedad que le provoca el vacío; el tiempo de *filía* tiende a la simetría del encuentro, y se da un equilibrio entre lo que se entrega y lo que se recibe; en *ágape* prevalece el don olvidado y descentrado de sí.

A través de estas tres modalidades del amor participamos de la esencia divina en tanto que comunicamos lo que somos hacia el otro de nosotros. Se trata de la progresiva salida de uno mismo, del *éxtasis* de sí en el otro, de perderse para reencontrarnos en la persona o las personas que amamos. En el deseo de ser amados se da el movimiento de retorno, el *enstasis* (*reditus* en latín), el regreso. Estas tres formas de amar no están separadas. Se dan en cada persona y, con frecuencia, hacia las mismas personas. Son predominancias que varían a modo de oleajes que van subiendo a través del cuerpo y que pueden llegar a convertirse en estados. Es el amor difractado en sus diversas formas, ese amor que mueve el universo.

1. El impulso de *eros*

La división de géneros es la marca de nuestra incompleción. En *El Banquete,* Platón recoge el mito de que inicialmente cada persona era una unidad, una esfera integral, pero a causa de nuestra soberbia fuimos escindidos en dos para que conociésemos la carencia y la necesidad[2]. *Eros* es el impulso por medio del cual la naturaleza nos fuerza a encontrar esa otra mitad que engendrará a un tercero, y así la especie se perpetuará. Nos necesitamos mutuamente para existir. La atracción de *eros* también se da entre personas del mismo género, lo cual muestra que no está ordenado únicamente a la reproducción, sino que también lleva consigo otras dos funciones: la relación y el goce.

La atracción corporal es totalizante. Despierta anhelos ancestrales de fusión e imanta los cinco sentidos, con el afán de perderse en el paisaje que se abre y en las sensaciones que despierta. Es toda la corporeidad la que participa, quedando cautivada por la emanación de la otra persona: los rasgos de su rostro, el movimiento de sus gestos, el recorrido de sus contornos. La sexualidad está inscrita en la totalidad de nuestro cuerpo masculino o femenino, configurando nuestra fisiología, nuestra afectividad y nuestro carácter. El deseo está atraído por la vida, y allí donde están las fuentes de la vida se aviva el deseo. La vida busca expandirse a toda costa, como sucede en primavera, cuando la naturaleza estalla en profusión de flores de colores y olores inimaginables y diversos para atraer a los que harán de medidores de la fecundación.

---

2. Cf. *El Banquete,* XIV-XV, 189c-192d.

Estamos hechos de incompleción para hallar plenitud más allá de nosotros mismos. Dos se encuentran para hacerse uno. Sin embargo, ninguna persona acabará nunca de llenarnos del todo, porque también es carente y está privada, no lateralmente, sino por su raíz. Pero es precisamente esta carencia constitutiva lo que dinamiza el deseo. La Vida creciendo a golpe de pulsiones, necesidades y de anhelos hacia formas de unión cada vez más complejas, hasta alcanzar la Unión total.

La pulsión sexual, siendo portadora de la continuidad de la vida, también se acerca a la muerte. Es propio de ella el confrontarse con los límites, allá donde *eros* y *thanatos* se encuentran. Vida y muerte se tocan en el mismo punto, como las dos vertientes de una alta y profundísima cresta. No en vano, los franceses llaman al orgasmo *la petite mort*. Muerte debida a que, después de haber aproximado a la cima del goce y de la unión, la consciencia retorna a la experiencia de la separación. Pero la cercanía de la sexualidad con la muerte no sólo se debe a eso, sino que, cuando su pulsión se convierte en una pasión incontrolable, devasta a la propia persona, del mismo modo que destruye a las que están a su alcance. La relación sexual puede ser la más sublime de las experiencias, pero también puede convertirse en la más degradante cuando el otro es utilizado como mero objeto de placer y es reducido a una mercancía, arrebatándole su rostro y su dignidad y profanando su misterio. La naturaleza del deseo muestra aquí su característica más radical: si no abre más allá de uno mismo hacia el otro, se hace letal. Así se puede discernir la dirección del deseo: es regresivo si encierra en una ciega autorreferencia, mientras que es progresivo y se encamina hacia la meta final si cada vez está más atento a la alteridad.

Tan poderosa es la fuerza de *eros*, tan embriagador su brebaje, que las tradiciones religiosas temen que distraigan del Deseo esencial. En todas las comunidades ha sido mirado con cautela, cuando no censurado, prohibido o perseguido. Con excepción de los rituales de algunas culturas o de grupos minoritarios conocedores de ciertas prácticas, su poder es sancionado en todas las sociedades y culturas. Está moralmente vetado, porque la comunidad teme que desestabilice a sus miembros y altere sus frágiles y ya de por sí inestables relaciones. Cuanto más totalitario es un régimen político, tanto mayor es su control sobre la sexualidad, porque a través de ella se domina a las personas, sometiendo esta energía primordial en pro de los intereses del grupo o de las instancias de poder:

> «El conflicto entre la sexualidad y la civilización se despliega con este desarrollo de la dominación. Bajo el mando del principio de actuación, el cuerpo y la mente son convertidos en instrumentos del trabajo enajenado; sólo pueden funcionar como tales instrumentos si renuncian a la libertad del sujeto-objeto libidinal que el organismo humano originariamente es y desea ser»[3].

Diversos autores han mostrado esta antinomia entre placer y poder[4]. Cuando la satisfacción del cuerpo es ne-

---

3. Cf. HERBERT MARCUSE, *Eros y civilización* [1953], Seix Barral, Barcelona 1968, p. 55. Ver también el extenso estudio de MICHEL FOUCAULT, *Historia de la sexualidad,* en tres volúmenes: I. La voluntad de saber [1976]; II. El uso de los placeres [1984]; III. El cuidado de sí [1984], Siglo XXI, 2006.
4. Cf. ALAIN DANIÉLOU, *Shiva y Dionisos* [1979], Kairós, Barcelona 1986. El célebre *Kama Sutra* («Aforismos sobre el Amor») de

gada, el psiquismo busca compensaciones dominando y sometiendo existencias ajenas. Exiliado de la gratificación corporal, la angustia de la privación hace que la búsqueda de la felicidad se desplace hacia el ego, el cual, neurotizado, encuentra falsas compensaciones apoderándose de los demás[5].

El reto para una antropología integral consiste en incorporar la fuerza del deseo sexual en la dirección de su destino final. Si lo negamos, camuflamos uno de nuestros deseos más primarios, y de estas imposibles componendas brotan neurosis y diversas patologías. Mientras no se reconozca su potencia y las derivaciones que se desprenden de ella, permanecemos ciegos frente a nosotros mismos. La base de la técnica psicoanalítica consiste en trabajar sobre la memoria del material reprimido. Mediante esta regresión se puede retomar la progresión de lo que había quedado bloqueado en el proceso de contención. Nuestra sociedad continúa siendo muy torpe en esta materia. La liberalización social y cultural de la sexualidad no significa que hayamos desarrollado su potencial psico-espiritual. Continúa siendo un terreno lleno de confusiones, heridas y culpabilidades que no emergen con claridad a la conciencia.

VATSYAYANA MALLANAGA, un autor del siglo III del norte de la India, es expresión de cómo la sexualidad, al ejercerse con plena consciencia, puede convertirse en una vía de realización espiritual. Ver también las obras de OSHO al respecto: *Tantra, espiritualidad y sexo*, Arkano Books, Madrid 2004; *Hombre y Mujer. La danza de las energías*, Edaf, Buenos Aires 2003; *El libro del sexo. Del sexo a la superconsciencia*, Random House Mondadori, Barcelona 2003.

5. Me remito particularmente al fundador de la bioenergética, ALEXANDER LOWEN, en su libro *La experiencia del placer* [1970], Paidós, Barcelona 1994.

La corriente tántrica del hinduismo –y, más minoritariamente, del budismo– ha sabido integrar la sexualidad como vehículo de experiencia espiritual, mientras que en Occidente se ha vivido separada de ella, considerándola una concesión obligada para la perpetuación de la especie, pero no como un medio para la vivencia de lo sagrado. El potencial espiritual de la sexualidad consiste en convertir su éxtasis en consciencia y en ofrenda de uno mismo al Todo, a la vez que se produce la unión con la persona amada, de modo que el goce no queda curvado sobre uno mismo, sino que se convierte en trascendimiento de la existencia individual. Así se entra en contacto con las fuerzas ocultas y ancestrales de la naturaleza –visible e invisible– que surgen a través de la sexualidad. El cuerpo se convierte en la base y el instrumento de la realización espiritual. El tantrismo desarrolla y utiliza las posibilidades físicas, sutiles y espirituales del ser humano teniendo en cuenta la interdependencia de todos los aspectos del ser vivo y su correspondencia con el ser cósmico del que forma parte.

Otra vía de transformación de la energía sexual es la opción por la continencia, temporal o perpetua. Y es que los increíbles reinos de la sensualidad y el control de esta misma sensualidad tienen mucho en común. La abstención de la relación genital permite la transformación progresiva y continua de la pulsión de la libido hacia centros más elevados de la persona, tratando de trasmutar *eros* en *ágape*.

2. *Filía,* o la reciprocidad del afecto

Además de *eros*, el ser humano busca y conoce otras formas de unión, de gratificación y de donación que llenan su vacío. *Filía* abre el reino del afecto. En el requerimiento de querer y de ser queridos está contenido el deseo de ser. A través del amor y la atención de los demás nos llegan oleadas de energía que nos hacen palpar el gozo de existir. El amor y el afecto que damos y recibimos no sólo nutren nuestro psiquismo, sino también las células de nuestro organismo. Está constatado cuánto contribuye al desarrollo –no sólo psicológico, sino también fisiológico– de los bebés el acompañar su crecimiento con caricias, atención, miradas de aprobación, palabras de ánimo y de reconocimiento. Esta necesidad nos acompaña a lo largo de toda la vida; pero es en la infancia y en la vejez cuando se pone más de manifiesto. El narcisismo surge cuando estos estímulos externos no llegan. Entonces tiene uno que amarse a sí mismo para sentir que es y que es digno de ser. Es el yo investido de libido. Esta etapa se habrá de superar para que se dé apertura a la alteridad, en lugar de un ensimismamiento que esté permanentemente a la defensiva por temor a perder su investidura.

En la infancia, el reclamo de amor está marcado por la necesidad. El niño es todo premura de afecto, aunque también es capaz de dar mucho amor. De hecho, no hay nada más sagrado que la capacidad de amar que tiene un pequeño, que en ocasiones alcanza grados de generosidad y de heroísmo inusitados y que sorprenden en seres tan vulnerables y diminutos.

En la adolescencia y la juventud, el amor busca la simetría de la relación, no sólo en la pareja, sino también a través de amistades que pueden durar toda la vida y que pueden llegar a ser tan importantes como la propia pareja. *Filía* supone la celebración de la reciprocidad, la capacidad de fraternizar. Lo propio de ella es amar y ser amado sin el carácter exclusivo o posesivo de *eros*. El afecto, las afinidades, los gustos o los ideales son compartidos, y se establece una circularidad sin exclusivismos. El otro es escuchado en su necesidad en la misma medida en que yo soy escuchado en la mía. En palabras de Eric Fromm:

> «Cuando uno se da verdaderamente, no puede dejar de recibir lo que se le da a cambio. Dar implica hacer de la otra persona un dador, y ambas comparten la alegría de lo que han creado. Algo nace en el acto de dar, y las dos personas involucradas se sienten agradecidas a la vida que nace para ambas [...]. El amor es un poder que produce amor»[6].

Filía no tiene el ardor, la impaciencia ni la exclusividad de *eros*. Corresponde a un registro más tolerante, más sereno, más amplio. Pero todavía no participa de *ágape*, en la medida en que está a la espera de recibir. Aún pone condiciones a la relación y tiene expectativas. Todavía hay camino por recorrer, porque quedan parcelas autorreferidas donde el otro es absorbido en la propia territorialidad. Hay que lograr más espaciosidad.

---

6. *El arte de amar* [1959], Paidós, Barcelona 2007, p. 33.

3. *Ágape,* o el amor descentrado de sí

Con *ágape* entramos en otro estadio del amor. Lo que le es propio es que la referencia a uno mismo es superada por un desprendimiento aún mayor: el yo que ama se entrega al tú amado, de modo que ya no quiere ser yo sin ese tú[7]. Una de sus manifestaciones es la entrega que los padres pueden llegar a tener por sus hijos. En ese amor aparece una asimetría opuesta a la de la infancia. El hecho de dar la vida a un tercero les predispone a amar a quienes nacen de ellos, de un modo que es diferente a todos los demás. Por esta capacidad de engendrar y de darse asimétricamente, el amor parental es, en el plano biológico, el que más se parece al que emana del Ser Esencial. Pero este amor está todavía condicionado por muchos factores, como son las necesidades afectivas y los intereses de los progenitores, a la vez que comporta una preferencia –y con frecuencia también un exclusivismo– por los propios hijos. Cuando este amor trasciende los vínculos genéticos y se extiende desinteresadamente, se va acercando al ágape divino. Hay muchas otras formas de maternidad y de paternidad que no pasan por la procreación biológica y que participan del amor agápico. Este amor no busca retorno y está constitutivamente relacionado con el perdón, término compuesto por dos palabras: *per* (prefijo de superlativo) y *donare* (dar). Perdonar es «dar sin medida», entregarse sin esperar retorno. En la Biblia el perdón está reservado a Dios, no como un pri-

7. Cf. EBERHARD JÜNGEL, *Dios como misterio del mundo,* Sígueme, Salamanca 1984, pp. 404-423.

vilegio, sino como una capacidad que supera la condición humana de amar, ya que nosotros siempre amamos condicionadamente.

Otro modo de hablar del amor agápico es la compasión universal, llamada *karuna* en el budismo. Convertir la vida en donación es el ideal del boddhisatva, el cual representa al ser humano que ha llegado a un alto grado de transformación que le hace capaz de renunciar a su propia felicidad para ayudar a que los demás seres la alcancen. La compasión budista comporta, como el ágape cristiano, el olvido de las necesidades y deseos del yo. Los boddhisatvas hacen el voto de renunciar al propio descanso durante miles de reencarnaciones, hasta que la última de las criaturas haya entrado en el Nirvana, la Tierra Pura, donde las necesidades y deseos han desaparecido en un piélago de plenitud sin egos. Existe una multitud de boddhisatvas anónimos que, sin hacer ningún voto, viven dándose, olvidados de sí.

Es en este terreno donde se inscribe el voto de castidad que se profesa en algunos caminos espirituales. Con él se pretende la unificación de las pulsiones y de los afectos en una única dirección a través del aplazamiento del deseo. La urgencia de *eros* y la reciprocidad de *filía* son convocadas a un ámbito más paciente, más abierto, menos necesitado de gratificación. La renuncia al contacto con la inmediatez del otro refuerza la búsqueda de los otros de un modo diverso, disponiendo para lo que es más intangible y más universal. De nuevo con palabras de Juan Clímaco, monje del siglo VII del Sinaí:

> «La castidad es una apropiación de la naturaleza incorporal. Es el cielo terrestre del corazón. La castidad es una renuncia sobrenatural a la naturaleza y la con-

dición de un cuerpo mortal e incorruptible que rivaliza con lo incorporal de un modo maravilloso. Es casto quien borra el amor con el amor y quien apaga el fuego material con fuego inmaterial»[8].

La castidad, al implicar un trascendimiento de *eros* y *filía,* ha de ir acompañada de autoconocimiento; pero éste con frecuencia se ha descuidado, causando importantes desórdenes. La continencia ha sido vivida en muchas ocasiones a costa del olvido y rechazo del cuerpo, ocultando y reforzando una culpabilidad ante el placer, atrofiando la capacidad de intimar y provocando a veces graves perjuicios a terceros. Es necesario saber poner nombre a los propios deseos y pulsiones que emergen a la conciencia para ser reconducidos en cada momento. Este conocimiento está continuamente por hacerse y puede ser nuevo cada vez, en la medida en que va desvelando capas más profundas de motivaciones ignoradas hasta el momento y que pueden transmutarse en ofrenda.

La castidad está sostenida por el *eros* de *ágape,* por el deseo incontenible de alcanzar la fuente de ese Amor que calma el ansia de amar: «Amor de sed es el deseo del célibe, de sed viva, hasta llegar a contemplar su Rostro; indigente como un mendigo, esa nostalgia lo arrastra hacia Él, suave y violenta»[9].

En criaturas de necesidades y de deseos como nosotros, *ágape* sólo es posible en la medida en que nos abrimos al Ser total. Su esencia es amar (1 Jn 4,8); su ser es

---

8. *La Escala Santa,* 15,2, Sígueme, Salamanca 2003, p. 131.
9. JAVIER GARRIDO, *Grandeza y miseria del celibato cristiano,* Sal Terrae, Santander 1987, p. 247.

su darse. Es en cuanto que se da, y dando comunica el Ser que es. Ese darse constitutivo de Dios va configurando al que se acerca a su Ser.

* * *

Excursus:
Metáforas de la unión con lo divino

Los místicos y místicas de todas las tradiciones han utilizado el lenguaje de *eros* para expresar la unión con Dios. Y es que los éxtasis que provoca son análogos. Sexualidad y mística sitúan al ser humano en sus límites, aunque en planos diferentes. Cada una, en su respectivo nivel, suscita lo mismo: la desaparición del yo, la salida de uno mismo hacia el Otro-otro con el supremo gozo de perderse en una otreidad que produce, paradójicamente, el reencuentro con uno mismo. Tan es así que la Biblia incluye entre sus textos el *Cantar de los Cantares,* poema que describe los anhelos y desvelos entre dos amantes:

«Mientras dormía, mi corazón velaba.
Y en esto, la voz de mi amado que me llama:

"Ábreme, hermana mía, amada mía,
Paloma mía, hermosa mía,
que tengo la cabeza cubierta de rocío,
mis rizos, del relente de la noche".

[...].

Mi amado metió la mano
por la hendidura de la puerta;
Al oírlo, se estremecieron mis entrañas.

Me levanté para abrir a mi amado,
y mis manos gotearon mirra,
mirra exquisita mis dedos,
en la manilla de la cerradura» (Cant 5,2-5).

Se puede hacer una lectura perfectamente erótica de estos versos, donde los cinco sentidos están convocados para celebrar el éxtasis del amor a través del encuentro corporal. Reconocidos estos poemas como Palabra de Dios por la tradición judía y cristiana, indican la potencialidad de la sexualidad como camino hacia Dios. Pero la belleza y LA plasticidad del *Cantar* no se agotan en este plano. Es justamente la dinámica del deseo ascendente lo que expresan. Lo que hace que este poema esté a medio camino entre la poesía erótica y la poesía mística es que las metáforas son ambivalentes y polisémicas. Insinúan la consumación del amor a través de los sentidos para reconducirlo a otro lugar. Los versos están abriendo otros ámbitos de significación. En el clímax del encuentro se produce la ausencia:

«Yo misma abrí a mi amado,
pero mi amado se había marchado ya» (Cant 5,5).

Entonces, el anhelo del cuerpo se transforma en anhelo del alma, y ésta prosigue su búsqueda:

«¡El alma se fue tras él!
Lo busqué y no lo encontré,
lo llamé y no me respondió» (Cant 5,6).

El acento no está puesto tanto en la consumación del deseo cuanto en el dinamismo de su trascendimiento, semejante al ascenso de *eros* en *El Banquete* de Platón, de modo que «quien haya sido instruido en las cosas del amor, tras haber contemplado las cosas bellas en ordenada y correcta sucesión, descubrirá de repente, llegando ya al término de su iniciación amorosa, algo maravillosamente bello por naturaleza, aquello por lo que se hicieron todos los esfuerzos anteriores»[10]. Con el cuerpo y por el cuerpo, pero más allá de él. Místicos como San Juan de la Cruz han retomado el *Cantar de los Cantares* para valerse de sus metáforas y comparaciones. También Santa Teresa, al tratar de explicar el extremo goce de sus éxtasis, utiliza imágenes que evocan el lance erótico. He aquí el relato que fue inmortalizado en la célebre escultura de Bernini:

> «Veía en las manos de un ángel un dardo de oro largo, y al fin del hierro me parecía tener un poco de fuego; éste me parecía meter por el corazón algunas veces y que me llegaba a las entrañas. Al sacarle, me parecía las llevaba conmigo, y me dejaba toda abrasada en amor grande de Dios. Era tan grande el dolor, que me hacía dar aquellos quejidos, y tan excesiva la suavidad que me pone este grandísimo dolor, que no hay que desear que se quite, ni se contenta el alma con menos que Dios. No es dolor corporal sino espiritual, aunque no deja de participar el cuerpo algo, y aun harto. Es un requiebro tan suave que pasa entre el alma y Dios, que suplico yo a su bondad lo dé a gustar a quien pensare que miento»[11].

Nótense las vacilaciones de Teresa para expresar que, por un lado, se trata de una experiencia que trasciende la corporeidad pero que, por otro, el cuerpo participa de

10. *Banquete*, 210a-211ª, Biblioteca Clásica Gredos, Madrid 2007, p. 144.
11. *Vida*, 29,13. Este texto fue escrito en 1562, cuando tenía casi cincuenta años de edad. En sus *Relaciones* V, catorce años más tarde (1576), rebaja la implicación corporal. Hace también mención de ello en la *Sexta Morada*, 11, 1-4.

ella. Esta participación está hecha de goce y de dolor al mismo tiempo, dolor que es exceso de un goce que el cuerpo no puede soportar. El cuerpo es, a la vez, vehículo y límite, medio y obstáculo de un goce mayor:

«Otras veces parece que esta herida de amor sale de lo íntimo del alma. Los efectos son grandes, y cuando el Señor no lo da, no hay remedio aunque más se procure, ni tampoco dejarlo de tener cuando Él es servido de darlo. Son como unos deseos, tan vivos y tan delgados, que no se pueden decir; y como el alma se ve atada para no gozar como querría de Dios, dale un aborrecimiento grande con el cuerpo, y parécele como una gran pared que la estorba para que no goce su alma de lo que entiende entonces, a su parecer, que goza en sí, sin embarazo del cuerpo»[12].

Así, el cuerpo es receptáculo y vehículo del éxtasis, a la vez que es impedimento. Y, sin embargo, ¿cómo podría sentir y gozar tanto amor si no es a través del mismo cuerpo? Hadewijch de Amberes, beguina flamenca del siglo XIII, también utiliza imágenes corporales para hablar de su experiencia mística:

«Son sus violencias lo más dulce del Amor,
su abismo insondable es su forma más bella,
perderse en él es alcanzar la meta.
Tener hambre de él es alimentarse y deleitarse,
la inquietud de amor es un estado seguro,
su herida mayor, bálsamo soberano,
languidecer por él es nuestro vigor.

[...]

12. *Las Relaciones* V, 18.

La calma reina al fin
cuando la Amada recibe de su Amado
los besos que convienen al Amor.
Cuando se apodera de ella y de todos sus sentidos,
gusta sus besos y los saborea hasta el fondo.
En cuanto Amor toca a la Amada,
come su carne y bebe su sangre.
El dulce Amor que así la deshace
conduce suavemente a los amantes
al beso indisoluble,
el mismo beso que une
a las tres Personas en un solo Ser.
Así el noble rocío extingue el fuego
que asolaba el país del Amor»[13].

Los cinco sentidos son evocados para expresar la experiencia, que es de carácter integral y toma a la totalidad de la persona. El beso es una imagen recurrente en la literatura mística, ya que los labios son umbrales de intimidad que acercan a los amantes a la unidad. También la utiliza Ángela de Foligno al explicar cómo, entrando en éxtasis, se vio ante el cuerpo de Cristo en el sepulcro:

«Ante todo, besé el pecho de Cristo. Le veía yaciente, con los ojos cerrados como cuando estuvo muerto. Luego besé sus labios. De su boca recibí admirable, indescriptible, deleitable fragancia. Fue por breves momentos. Luego puse mi mejilla sobre su mejilla. Cristo extendió su mano sobre la mía y la estrechó con fuerza, como diciéndome que antes de que yo

13. *El lenguaje del deseo. Poemas de Hadewijch de Amberes,* edición y traducción de María Tabuyo, Trotta, Madrid 1999, pp. 106 y 113.

también yaciera en el sepulcro me la estrecharía de esta manera»[14].

Nótese la cercanía, de nuevo, entre el amor y la muerte. La unión con Cristo pasa por besar su corporeidad física pero inerte. El sepulcro es lecho, y el lecho sepulcro, en cuanto que en él se produce una retracción del deseo para elevarlo de nivel. La contención supone posibilidad de canalización, lo cual se corresponde con la sublimación en lenguaje freudiano. Si la pulsión es inmediatamente satisfecha, no hay ocasión para su reconducción hacia planos superiores. Desde una perspectiva reduccionista que interprete sistemáticamente lo superior en función de lo inferior, el lenguaje del desposorio místico se lee como una expresión de la represión sexual, mientras que desde la perspectiva del Deseo esencial es precisamente al revés: la experiencia erótica y su lenguaje son atisbo, balbuceo y metáfora del Amor total. La distinción entre represión y abstención es imprescindible. La primera es un mecanismo de defensa que hace que la persona se niegue a reconocer una realidad determinada, en este caso su pulsión sexual. Al no ser reconocida, reaparece camufladamente y con distorsiones en otros campos que el yo le concede sin admitirlo. La abstención, en cambio, es un acto libre y consciente motivado por una meta superior que compensa esa renuncia. Se trata de una reserva de la libido para expandir creativamente una energía que no ha sido consumada. La desculpabilización y desinhibición de la sexualidad en nuestra cultura tienen que encontrar todavía un equilibrio entre satisfacción y contención, de modo que su potencial no se detenga por el camino.

---

14. *Libro de la vida,* VII, 2, Sígueme, Salamanca 1991, p. 87.

4

Poder y Deseo esencial

«El hombre que no tiene poder nos aterra. Nos hace darnos cuenta de que, en tanto que él no tiene poder, somos nosotros los que nos apoderamos de su vida. Somos personas llenas de poder. Lo que nos aterra es que podemos dejarnos llevar por la satisfacción que nos da el poder. Recuerdo que una noche, en uno de nuestros refugios para los que no tienen techo, llegué a perder la paciencia por un simple desacuerdo con uno de nuestros huéspedes, hasta el punto de que los dos acabamos gritando con todas nuestras fuerzas. El remate, expresión de poder, fue cuando le dije que se marchara de allí»[1].

(ALEX MCDONALD, SJ)

EN nuestra pasión por vivir, rivalizamos y luchamos cuerpo a cuerpo para sobrevivir. Aquí el deseo adquiere su aspecto más duro y violento, porque la vida está permanentemente amenazada por otras presencias cuyo afán por existir pone en peligro la propia existencia. Somos

1. *Promotio Justiciae S.J.*, citado por ALAIN WOODROW, *Los Jesuitas*, Planeta, Barcelona 1985, p. 101.

muchos compitiendo en el mismo territorio. El pastel es escaso. No llega para todos. Pero no sólo se trata de eso. Porque, aun cuando haya para repartir, de repente se despiertan en nosotros arrebatos de afirmación y de depredación que no tienen que ver con el hambre real, sino con el hambre imaginaria, esto es, con el poder. Si el Ser del que todo proviene es donación y existimos como expresión de su darse, aquí tenemos que habérnoslas con la constatación de que nuestra existencia tiene otros deseos muy ajenos a esa donación. Esa pulsión de afirmación y de domino, esa *voluntad de poder,* forma parte de la consolidación de la propia individuación, de la necesidad de delimitar la territorialidad de nuestra existencia y de afianzar y aumentar los límites de nuestro contorno. Si ello está al comienzo del desarrollo de la individualidad, el acercamiento al Ser Esencial pasa por la transformación del deseo de ser a-costa-de-los-demás al deseo de ser con, hacia y para-los-demás.

1. La función de la agresividad

La lucha por la existencia comienza a nivel celular. De ese combate a muerte apenas somos conscientes hasta que se manifiesta en las enfermedades. La fiebre es el síntoma de una guerra microcósmica de la que nosotros somos ocasión y escenario. Nuestro cuerpo es un ejército de organismos diminutos que luchan contra virus y bacterias que tratan de apoderarse de nuestro territorio. Nuestro sistema inmunológico es un mecanismo de autoafirmación gracias al cual podemos sobrevivir. Unos y otros nos debatimos por perdurar, sin tener consciencia de que nuestra pulsión de vida está afectando a otros seres a costa de exterminarlos.

La agresividad es la fuerza de la vida puesta por la vida misma para protegerse. Con demasiada frecuencia, nuestro afán por existir nos priva de considerar a costa de qué o de quiénes sobrevivimos. Esta voluntad de autoafirmación está denunciada como el quinto obstáculo en el tratado sobre el yoga de Patanjali. Él lo denomina *abhinivesa*, «tenacidad», «esa voluntad de vivir que es instintiva y que está incluso presente en los sabios»[2] como un deseo de perdurar, de aferrarse a la vida, y que es mayor que el miedo a la muerte. En la antropología griega, retomada por los Padres del Desierto cristianos, se consideraba que la pulsión irascible, el *thymós*, era la primera de las tres potencias del psiquismo. Las otras dos eran el *epithymós*, región de *eros* y de los deseos afectivos, y el *logistikón*, ámbito de la razón, del conocimiento y la inteligencia. *Thymós* hace referencia a la energía primordial, a la *dynamis* que vela por la defensa de la vida en forma de ardor, incluso de cólera. El esfuerzo del camino espiritual consiste en dominar la energía de estas tres capacidades y cambiar su dirección: en lugar de estar curvadas hacia el amor de sí (*philoautía*), utilizar su fuerza para convertirlas en amor por los demás y en amor de Dios. En palabras de Máximo el Confesor, teólogo del siglo VII:

> «Gracias a la razón, buscamos; gracias al deseo, tendemos hacia el bien que buscamos; y gracias al ardor,

---

2. Patanjali, *Yogasutra*, II, 1,9. Los otros cuatro obstáculos son: la ignorancia, el egoísmo, el deseo y la aversión.

luchamos por alcanzar ese bien. Buscando a través de una, deseando a través de otra y luchando gracias a la tercera, los que aman a Dios reciben un alimento incorruptible que colma sus espíritus»[3].

La meta es conseguir la unificación de la persona, de modo que «el deseo del alma no se oponga al de la carne, y el deseo de la carne no se oponga al deseo del Espíritu», dice un Padre del Desierto[4]. Carne, *sarx,* significa aquí la fuerza ciega de la autorreferencia, la incapacidad de donación, la pasión de ser a costa de absorber a los demás.

2. La necesidad de autoafirmación

En los inicios del yo predomina la *hybris* del propio afianzamiento. Somos el resultado de una victoria: la del primer espermatozoide que llegó al óvulo. Todos los demás perecieron en esa carrera implacable hacia el útero. Se trata de uno de los primeros episodios de la selección natural: el impulso de querer ser, que no tiene en cuenta a los que dejarán de ser. Este anhelo de vida se traslada a la consciencia del yo individual, el ego. La necesidad de autoafirmarse surge a partir de un núcleo de preconsciencia que desea apremiantemente existir. El psiquismo va madurando cuando reconoce y se abre a la existencia de los demás. Pero perdura el afán del yo por preservar

---

3. *Filocalia*, *Centurias sobre la Teología y la Economía,* IV, 25.
4. PEDRO DAMASCENO, *Filocalia*, *De la edificación del alma por las virtudes,* I, 25,

su terreno, en el que sentirse amo y señor. ¡Cuántas de nuestras frases comienzan por: «yo pienso», «yo hago», «yo deseo»...! Para contener este egocentrismo, en algunas culturas, como la japonesa y la rusa, es de mala educación comenzar una frase con un «yo». Hay que dar rodeos gramaticales para hacer comprender a los demás que uno está hablando de sí mismo. El crecimiento psico-espiritual consiste en ir dejando lugar al yo de los demás en el espacio de una existencia compartida. Pero ello requiere no saltarse las etapas de la maduración psicológica, que pasa, en primer lugar, por una autoposesión consciente, y después por la libre donación de la propia individualidad. El narcisismo es una fase necesaria del desarrollo. Un prematuro destronamiento del yo lleva a una cerrazón que hace muy difícil en el futuro la aceptación de la alteridad, la cual queda fijada como amenaza para la propia consolidación.

La espiral de la autoafirmación convierte las relaciones en una guerra sin cuartel. La lucha de géneros es uno de los escenarios donde el alegato de la propia individualidad puede convertirse en un infierno, en una retahíla de reproches, agresiones y sometimientos. Las cualidades de cada género se utilizan como estrategias de control y de opresión. El hombre utiliza su fuerza física y su frialdad, mientras que la mujer se vale de su sutileza afectiva para manipular o chantajear. La diferencia hace aumentar el desencuentro y provoca odio, en lugar de enriquecerse con la complementariedad. El afán de cada cual por ser uno mismo hace imposible el encuentro.

Uno de los autores que más han trabajado la necesidad de la asertividad ha sido Alfred Adler, discípulo de Freud, que, al igual que otros, se distanció de su maestro por comprender con otras claves el impulso y el desarrollo del psiquismo[5]. Para él, la fuente de la neurosis no está en la represión de la libido, sino en las percepciones deformadas que nos hacemos desde pequeños de las fuerzas que están en juego en torno nuestro. Nos autodisminuimos, y ello hace que nuestra voluntad innata de poder se debilite, haciendo que nos consideremos incapaces de alcanzar los objetivos que nos proponemos y de perseguir nuestros deseos o ideales. De ahí surgen personalidades acomplejadas que desplazan sus inseguridades y carencias hacia objetos, personas o imágenes falsas de sí mismos de las que dependen para sentirse seguras. La voluntad de poder queda delegada o congelada, al servicio de un individuo egocentrado. El complejo de inferioridad y el complejo de superioridad se dan conjuntamente, a modo de compensación. Las ideas fijas, el aislamiento, la obstinación... no son más que reductos de un yo a la defensiva que, en su carácter expansivo, se convierte en la base psicológica de las dictaduras y de las tiranías. Lo que sucede en el plano individual también sucede en el plano colectivo: las minorías más sumisas pueden convertirse, cuando las circunstancias son favorables, en las más agresivas, en función de la voluntad de poder que subyace a todo individuo y a todo grupo.

La expresión *voluntad de poder* está tomada de Nietzsche, con la diferencia de que en Adler está puesta al servicio de la vida en comunidad, mientras que en Nietzsche es obstinadamente individual. En Nietzsche,

---

5. Las dos obras que mejor resumen su pensamiento son: *El sentido de la vida,* Ed. Luis Miracle, Barcelona 1955, y *Comprender la vida* [1927], Ed. Paidós, Barcelona 2006.

deseo y *voluntad de poder* se unen para engendrar al superhombre. El «tú debes» de la era de la sumisión se convierte en un «yo quiero» que anuncia la era de la emancipación. En principio, esta *voluntad de poder* de Nietzsche no se ha de entender como dominación del otro, sino como potencia, como capacidad interior de desplegar el propio ser. «La voluntad de poder es doblegar a imagen de sí mismo todo lo que es»[6]. Pero ¿qué queda, entonces, sino la realidad reducida a un espejo que, en lugar de liberarnos transcendiéndonos, no hace más que encerrarnos en el propio infierno? Y en cuanto a los demás, ¿cuál es el límite de esa voluntad de autoafirmación? Las ideologías tienden a justificar cualquier expresión y ejercicio del poder que legitime la propia causa. Los humanismos lo denuncian cuando, en nombre de ese poder, se deja de tener en cuenta a las personas. Las existencias totalmente descentradas de sí son aquellas que, en lugar de estar pendientes de los propios derechos –individuales o grupales–, renuncian a ellos para favorecer los ajenos. Entonces se atisban los efectos del Deseo esencial: no sólo desear ser, sino dar el ser para que haya más ser en los demás seres.

Hegel tiene unas sutiles reflexiones a propósito del emerger de la conciencia y de la libertad a través de la relación dialéctica que se establece entre el amo y el esclavo. Esta relación comienza cuando, entre dos adversarios, el temor a morir de uno de ellos le hace someterse al otro. El dominador siente entonces una satisfacción mayor que la de matar: someter. Pero para poder prolon-

6. *Así habló Zaratrustra,* Edaf, Madrid 1964, pp. 105ss.

gar esta satisfacción tiene que mantener vivo al esclavo. El amo domina al siervo, pero el siervo también es amo de su señor, al haberlo hecho dependiente de su gusto por dominarlo. Por otro lado, el siervo es obligado a trabajar; trabajando, el esclavo transforma la naturaleza, cosa que el amo no hace. El amo vuelve a depender del esclavo, ya no sólo para alimentar su satisfacción psicológica, sino también para cubrir su necesidad biológica. El esclavo vuelve a ser señor. En un tercer momento, el esclavo, a causa de las privaciones a que le somete su amo, se hace señor de sí mismo, en cuanto que es capaz de contener sus pulsiones primarias, cosa que el amo no hace. El amo, maltratando al esclavo, convierte a éste en amo de sí mismo. Todavía queda un cuarto estadio en la emancipación del siervo: al verse obligado a trabajar manualmente, se hace conocedor de la naturaleza y de su propio poder de transformarla. Se hace inteligente, mientras que el señor permanece ignorante del mundo así como de su propia esencia. El amo sólo es capaz de apropiarse de los frutos del trabajo de su siervo, de acumularlos para satisfacer su placer, pero continúa ignorante y dependiente del siervo. No es señor de sí mismo, sino que tan sólo es señor del otro, mientras que el servidor ha alcanzado el señorío de su propia persona. El amo se degrada en un acorralado egocentrismo, mientras que el siervo crece en autodominio, en conocimiento de la naturaleza y en conocimiento de sí mismo. Esto se debe también a que, al arrebatársele al siervo el fruto de su trabajo y no poder gozar de él como hace el amo, toma distancia con respecto al producto que ha realizado, y tal distancia se torna consciencia y conocimiento, por lo que, si disfrutara de ello, sólo experimentaría placer, pero no aprendería[7].

Esta reflexión hegeliana podría estar en el límite del cinismo, pero es de gran lucidez si se considera que el amo y el esclavo están en cada persona: la parte dominadora que está atrapada por el placer y por el poder no se desarrolla como aquella otra parte nuestra que, conteniéndose, se humaniza y sale de sí transformando el mundo. La alternativa ante la dominación (la anulación del otro) y el sometimiento (la anulación de sí mismo) es el servicio, que posibilita que cada cual crezca hacia el otro ofreciéndole lo mejor de sí mismo. Desde el punto de vista de las relaciones sociales, este círculo cerrado de opresiones y sometimientos se libera cuando ambos roles se abren al mutuo reconocimiento, superando tanto las apetencias egocentradas del amo como los miedos del siervo, atendiendo conjuntamente a la apertura del Deseo esencial y creando las condiciones económicas y sociales para que las personas de todos los estamentos se desarrollen y se emancipen.

La riqueza es otra manifestación del poder; un excedente que fácilmente identificamos con nuestro ego; un exceso de bienes que, aunque poseamos, no nos pertenecen, y de los que disponemos a costa de que otros se vean privados de ellos. La trampa del dinero consiste en otorgar sensación de seguridad y de omnipotencia, presentándose como una reserva, despensa o caja fuerte del deseo[8]. Marx reflexionó sobre el dinero: «Tiene la capacidad de comprarlo todo; en cuanto que posee la facultad

---

7. Cf. *Fenomenología del Espíritu* (1807), cap. IV, A: «Independencia y sujeción de la Autoconciencia: señorío y servidumbre».
8. La relación entre deseo y mercado está muy bien abordada en: JUNG MO SUNG, *Deseo, mercado y religión,* Sal Terrae, Santander 1999.

de apropiarse de todos los objetos, es el objeto por excelencia»; por eso lo denominó «la prostituta universal, la universal alcahueta de los hombres y los pueblos»[9], en cuanto que se convierte en una mercancía ciega de intercambio, que no distingue entre quien lo posee y quien ni lo posee ni sabe lo que se adquiere con él. Este vínculo entre riqueza y poder está denunciado por las tradiciones religiosas. «El lugar del deseo es asumido por la ilusión del poder: la ilusión de que el poder es capaz de producir lo que el corazón desea. Los profetas denunciaron esta ilusión y le dieron el nombre de "idolatría". Un ídolo es un objeto hecho por las manos del hombre, al que se atribuye el poder de realizar los deseos del corazón»[10]. En la posesión de las riquezas se establece un desplazamiento del yo a las cosas: una gran casa, un gran coche, una gran joya... son los fetiches del ego que queda intoxicado por la avidez del tener y lo aleja del deseo de ser. El tener aleja del ser en la medida en que confunde la persona con sus posesiones. La acumulación de cosas alimenta al personaje, a la vez que lo aísla de los demás.

En un extraordinario relato de Stephan Zweig, *Los ojos del hermano eterno*[11], se describe el progresivo despojo de Virata, un noble indio que va renunciando a toda forma de poder, de estatus y de prestigio a medida que descubre que cualquier modo de autoafirmación lastima

9. *Manuscritos de Economía y Filosofía* [1844], Alianza, Madrid 1984, p. 177.
10. R. ALVEZ, *O poeta, o guerrillero, o profeta,* Vozes, Petrópolis 1992, p. 103, citado por: JUNG MO SUNG, *Deseo, mercado y religión,* Sal Terrae, Santander 1999, p. 10.
11. Cf. Ed. El Acantilado, Barcelona [1922].

la vida de los demás. El relato comienza presentándolo como un general fiel al servicio de su rey; satisfecho de unas victorias que cree justas, se da cuenta de que ha producido muchas víctimas. Renuncia a ejercer un cargo que justifique la violencia y accede a ser juez del reino. Después de unos años de estudiar a fondo los casos que le encomiendan y tratar de ser lo más justo posible, descubre que ha cometido múltiples errores y que ha provocado mucho dolor sin pretenderlo. Se retira a vivir con su familia, pero una serie de conflictos domésticos le hacen descubrir que sigue teniendo poder sobre los suyos. Se aleja entonces para hacer de ermitaño en la selva, pero al cabo de un tiempo su fama crece, y ello atrae a personas que abandonan a sus familias para irse a vivir junto a él, dejando desprotegidas a sus mujeres y a sus hijos. Finalmente, no deseando violentar ni lastimar a nada ni a nadie, acaba aceptando el trabajo más bajo que le ofrecen: el de cuidador de los perros del palacio real. Olvidado de todos, consigue ser feliz los últimos años de su vida, porque, desde el último lugar, puede vivir sin perjudicar a nadie y sin que ninguna mirada de sus hermanos, los humanos, le reproche nada.

Encontramos la misma sensibilidad en estas reflexiones que Thomas Merton escribió en su *Diario* durante la Segunda Guerra Mundial: «El conocimiento de lo que está pasando nos muestra lo desesperadamente importante que resulta ser voluntariamente pobre, desprenderse de todas las cosas al momento. A veces me espanta el hecho de poseer algo, incluso un nombre, por no hablar de una simple moneda o de petróleo, de municiones o de una fábrica de aviones. Me espanta interesarme como propietario de algo, por miedo a que mi amor hacia lo que poseo pueda matar a alguien en algún lugar»[12]. Es sobrecogedor constatar la actualidad de estas palabras.

3. Cuando el poder se convierte en servicio

Del mismo modo que las primeras fases de las relaciones humanas y sociales están regidas por la dominación y la sumisión, la imagen arcaica de la divinidad está investida de poder. Cuanto más infantil es la vivencia religiosa, tanto mayor es la proyección sobre el mundo divino de los atributos de omnipotencia. El signo de una experiencia espiritual madura es precisamente la transformación de esa imagen de Dios, el cual va pasando, de ser concebido como Alguien iracundo e investido de todas las pasiones humanas que justifican su actuar arbitrario, a ser vislumbrado como el Fondo que posibilita lo real y que lo sostiene como expresión de la donación de Sí mismo. Tal vez la mayor aportación que hace el cristianismo a la experiencia religiosa de la humanidad sea revelar el Dios kenótico, anonadado: «Siendo de condición divina, no se aferró a su categoría de Dios, sino que se vació de sí mismo (*ekénosen*) y tomó la condición de esclavo» (Flp 2,6-7). Esta pérdida de poder posibilita el acercamiento al otro hasta llegar a hacerse el otro. La esencia del Ser es darse, y toda forma de existencia implica reciprocidad. Somos siempre con los demás. De ahí la expresión de Heidegger: *Nicht ohne andere,* «Nunca sin el otro». El poder sólo tiene lugar ante los demás. Sin los demás no

12. 21 de mayo de 1940, en *Diarios (1939-1960),* Oniro, Barcelona 2001, p. 40.

hay dominio, ya que no hay de quién apoderarse. Para acercarse al Ser Esencial hay que despojarse de esta ciega autorreferencia y transformar el modo de estar con los otros. Todas las tradiciones religiosas tienen un código para indicar los límites del yo y transmutar la *hybris* de la destrucción y de la dominación. Tal es el sentido del Decálogo hebreo: tras dedicar tres preceptos a situar la existencia ante el horizonte de la trascendencia divina, el resto es un código para la contención de las pulsiones de modo que sea posible la construcción de la comunidad humana a partir de esa trascendencia y en dirección hacia ella. El mandamiento más elemental es el quinto: «No matarás». Está dicho a un pueblo todavía incierto que se estaba constituyendo a sí mismo a costa de matanzas y masacres. Desde hace tres mil años, seguimos eliminándonos unos a otros, mostrando que no hemos superado los estadios más primitivos de la evolución en la lucha despiadada por la supervivencia.

En el marco hindú, el precepto de no matar adquiere una significación más radical: la no-violencia (*ahimsa*). *A-himsa* significa, literalmente, «no-léon», es decir, renunciar a ser depredador. No se trata sólo de no agredir ni de exterminar la vida ajena, sino de cultivar una actitud atenta a evitar las diferentes formas de violencia que somos capaces de generar. Se trata de descubrir que hay muchas maneras de matar, no sólo físicamente, sino también cuando despreciamos a alguien, cuando lo ignoramos o cuando impedimos que alcance su dignidad. Cuando uno va creciendo en capacidad de interiorización, va descubriendo la amplitud de la no-violencia. Gandhi encarnó en el siglo XX el ideal de esta actitud, inspirando una filosofía para la resolución de los conflictos y mostrando que la fuerza de la mansedumbre tiene consecuencias políticas. Esta fuerza radica en la capacidad de no absolutizar el propio punto de vista, dominados por el impulso ciego de la autoafirmación, sino dejar espacio al punto de vista ajeno. Para ello hay que renunciar a la propia voluntad de poder que comporta la negación del otro. En el encuentro de dos verdades aparece una tercera que es capaz de integrar las dos primeras en un plano más amplio.

El Sermón de la Montaña es la versión bíblica del *ahimsa* hindú y jainista. Jesús dice explícitamente que no se trata de contentarse con no matar, sino que enfadarse o insultar ya es una manera de exterminar al otro (Mt 5,21-23). En este contexto pronunció la célebre frase: «Si alguien te pega en una mejilla, ofrécele la otra» (Mt 5,39). La agresividad es una actitud de impotencia, el último recurso que nos queda ante una situación que nos altera. Si el que recibe el grito o la bofetada, en lugar de entrar en la espiral de la violencia, es capaz de mirar a su agresor y de ofrecerse desarmadamente, le está poniendo ante un espejo la dignidad que ha perdido al dejarse llevar por su compulsión. Cuando respondemos de este modo a la agresión, se da un salto cualitativo en la escala de la conciencia, en lugar de caer en el automatismo de la acción-reacción. Cuando incorporamos la atención y la vigilancia –la *nepsis* de los Padres del Desierto–, humanizamos nuestras reacciones y nuestros actos, tal como veíamos con la respiración, con el comer y con las prácticas del amor. El agredido devuelve al agresor la energía que éste ha empleado, haciéndole caer en la cuenta de que se halla ante una persona y recordándole que también él lo es y que tiene muchos más registros que la brutalidad. Así queda restituida la relación entre dos seres humanos. A esta misma actitud apela Jesús unos versículos más adelante: «Al que te obligue a andar con él una milla, acompáñale dos» (Mt 5,41). Los judíos se encontraban con frecuencia en esta circunstancia, porque los soldados romanos iban cargados con un equipaje militar que pesaba más de cincuenta kilos. Una de las formas que tenían de humillar a los pueblos ocupados era obligar a sus habitantes a llevar su equipaje un trecho del camino. En lugar de someterse y renegar en silencio contra el soldado que está obligando a ello, invirtiendo el gesto se puede llegar a crear incluso una relación de amistad. Mientras se obedece el mandato de otro, uno está sometido a lo que se le está exigiendo; en cambio, cuando libremente se prolonga el recorrido, el dominador pierde el control de la situación. Se invierten los papeles, en la medida en que el poder del soldado ha sido asumido y redoblado, de modo que ahora revierte sobre el que ha tenido el acto de generosidad. Soy yo el que quiere cargar libremente con algo que tú no has pedido. Este cambio de situación producido por sobreabundancia permite que la otra persona pueda reaccionar y reconocer el abuso que había cometido. Se trata de una lógica muy semejante a la que hemos visto en la dialéctica hegeliana del amo y el esclavo.

De los actos de no-violencia no se deben esperar resultados inmediatos; pero, en la medida en que se convierten en una actitud constante y paciente, van transformando la energía ciega de la agresión en consciencia de que toda existencia participa del don de ser, y que nos necesitamos mutuamente para ir desplegando ese don. El poder, en cambio, ensimisma y aísla, como al reptil o al depredador, que están sólo pendientes de su presa. Observando la evolución de las especies, se puede constatar una tendencia hacia la no-violencia. Hoy en día ya no existen la mayoría de las fieras que antaño poblaron bosques y llanuras. Caí en la cuenta de ello al visitar el museo antropológico de Addis Abeba, en Etiopía, donde conocí a nuestra antepasada Lucy, una pre-homínido de hace unos tres millones de años cuyo esqueleto se encontró casi intacto. Sus coetáneos eran feroces especies que hoy ya no existen. Tuve la clara percepción de que la naturaleza se ha ido calmando desde entonces, y que se han apaciguado las modalidades de la depredación.

Del ser humano depende acelerar o frenar esta decantación. Valoramos el avance de la conciencia por la capacidad de relación que un ser tiene con los demás seres de su entorno. Cuanto más primitivos, tanto más autistas y más encerrados en nuestro mundo, como sucede con las especies más bajas de la escala evolutiva, como los insectos y los reptiles. En cambio, las personas más evolucionadas espiritualmente muestran que en las más altas cimas de la realización humana la autoafirmación deviene capacidad de relación y de donación. Tal es el testimonio de muchos hombres y mujeres que a lo largo de la historia han convertido sus vidas en servicio, sin sumisión alguna, fruto de una libertad soberana. Para la tradición cristiana, el Crucificado revela el lugar donde la humanidad se puede reencontrar: la renuncia a toda forma de poder como el camino hacia la Vida. Urge promocionar una ética de la compasión en la que aprendamos a mirarnos y a evaluarnos con los ojos de los otros, en especial de los que más sufren, y cuyas existencias están más amenazadas; una mística de la compasión que haga memoria del sufrimiento de los olvidados, de los ninguneados, como clave económica, política y social[13]. «Todo depende del dolor con que se mira», ha dicho el poeta uruguayo, recientemente fallecido, Mario Benedetti. Lograr que el mundo se rija por estos valores supondría vivir colectivamente a imagen y semejanza de Quien se hace nosotros renunciando a ser para que seamos. Aquí el fondo del Deseo Esencial emerge de nuevo y nos acerca al Ser que desea que seamos como Él es: donación del propio ser.

---

13. Sobre ello ha escrito recientemente JOHANN-BAPTIST METZ, *Memoria Passionis,* Sal Terrae, Santander 2007, particularmente me remito a las pp. 167-171.

5

Belleza y Deseo esencial

«El amor no es amor de lo bello,
sino amor de generación y procreación de la belleza».
(PLATÓN)

«Lo bello es el infinito
representado de manera finita».
(FRIEDRICH SCHELLING)

UNO de los enigmas de la experiencia humana es la atracción que ciertas formas ejercen sobre nosotros. A esa seducción le llamamos «belleza». La belleza tiene el poder de sacarnos de nosotros mismos tanto como el amor. Posee un carácter extático. Dostoievsky llegó a decir que la belleza salvaría al mundo. Podemos intuir porqué: por la capacidad que tiene de pacificarnos, de serenarnos, de reconciliarnos, de rescatarnos de nuestros oscuros remolinos y de unificarnos, elevándonos por encima de nosotros mismos. La belleza nos hace mejores. Sin embargo, desconectada de los demás elementos de la realidad, lleva por caminos inconsistentes. De ahí existencias trágicas como la de Oscar Wilde, cuya pasión por convertir su vida en una obra de arte se convirtió en pura irrealidad. Porque la belleza no se puede separar de los otros dos atributos del ser: la verdad –la adecuación con la realidad– y la bondad –la relación con la alteridad. La plenitud que provocan las formas que reconocemos como bellas y que despiertan anhelos poderosos necesita verificarse con lo verdadero y con lo bueno. Esta tríada forma parte del Ser Esencial, y todo impulso hacia lo bello requiere vivir en verdad y en bondad para llegar hasta Él.

1. La belleza como necesidad

Los sentidos son cinco aberturas, cinco brechas de nuestro cuerpo hacia la exterioridad. Cada uno de los órganos sensores se desarrolló muy lentamente a lo largo del proceso evolutivo. Los primeros organismos se crearon mediante la distinción que establecía entre un afuera y un adentro. El tránsito se producía por contacto. Poco a poco, se fueron desarrollando otros sensores para captar los objetos y presencias del medio circundante. La percepción de los ojos y de los oídos, la capacidad olfativa de las fosas nasales, la sensibilidad de la piel y el gusto del paladar son el resultado de lentos y sofisticadísimos desarrollos de nuestro organismo, proceso impulsado por la necesidad, pero también por el deseo de gozar. Porque existir no consiste sólo en depredar o en defenderse, sino también en disfrutar y experimentar diversas formas de agrado y de deleite en nuestra interrelación con el mundo.

Este agrado es requerido por la naturaleza misma y afecta a su propia estructura. Se han hecho estudios sobre la «sensibilidad» del agua, exponiéndola a diversos tipos de música. Las fotografías que se han hecho de las cristalizaciones de sus moléculas muestran resultados sorprendentes: son extraordinariamente bellas cuando la música es armoniosa, mientras que aparecen distorsionadas cuando el sonido es estridente[1]. Si esto sucede en el mundo inorgánico, ¡cuánto más en los seres animados y en nosotros mismos! Nuestros sentidos tienen la capacidad de estremecerse ante ciertas formas de la naturaleza; calman nuestra soledad o nos llenan de gozo, porque nos hacen sentir parte de un todo. Así nos sucede cuando, ante la mirada, se derraman juegos de luces de amaneceres y atardeceres, rayos de sol tejiéndose a través de hojas y rendijas; sombras, penumbras, colores, volúmenes, relieves, planicies, horizontes, profusión de flores y objetos cotidianos de modesta e inocente belleza, además de los contornos del cuerpo humano y de su rostro, que es el más bello de los paisajes; para el oído se ofrecen inagotables posibilidades de sonidos, ritmos y armonías; y así para los demás sentidos. Con todo, lo que propiamente consideramos bello está relacionado sólo con la vista y el oído. No se habla de belleza con relación al gusto, al olor o al tacto. Diremos que son agradables o apetecibles, pero no bellos. Este calificativo lo reservamos para las imá-

---

1. Cf. MASARU EMOTO, *Mensajes del agua,* La Libre de Marzo, Barcelona 2003. Esta obra es resultado de varios años de investigación. El autor, bioquímico, ha recogido muestras de agua de diversas localidades del mundo y ha podido comprobar cómo las condiciones favorables o desfavorables del entorno quedan reflejadas en las estructuras de sus moléculas. Al mismo tiempo, se recogen fotografías de diversas cristalizaciones de agua después de haberlas expuesto a distintos tipos de música, así como a diversas palabras, unas amables y otras desagradables, las cuales también afectan a los productos orgánicos. El resultado es realmente sorprendente.

genes y los sonidos. Y también para las ideas, lo cual no deja de ser paradójico, porque, en principio, las ideas no tienen forma, sino tan sólo intención y dirección. Ello muestra que la belleza está relacionada con algo más que con lo placentero, lo gustoso o lo gozoso. Suscita una apertura afectiva y cognitiva que ensancha las fronteras del yo ordinario, tanto corporal como psíquico, hacia horizontes de mayor profundidad y de infinitud.

Porque el ser humano siente los efectos benéficos de la belleza, busca rodearse de ella. En este punto puede ser de ayuda el distinguir entre sensualidad y sensitividad. La sensualidad responde a una excitación de los sentidos, en la que éstos quedan atrapados en aquello que les satisface, y el yo queda dependiente, incapaz de renunciar a ese placer. La sensitividad, en cambio, implica un goce que descentra al que lo goza, abriéndolo y fundiéndolo en el objeto que está provocándole esa fruición, sin poseerlo. El aprendizaje del uso de los sentidos sería lo propio de la estética. No en vano, estética y sentidos provienen de la misma raíz: *aisthesin*, «sensación». La estética consiste en el arte de afinar los sentidos. Y ello requiere ciertos ejercicios, *askésis*, palabra que pertenece a la misma constelación etimológica y que acerca sus significados. Etty Hillesum, una joven judía holandesa que en dos años experimentó un profundo cambio desde la sensualidad más exaltada hasta una sensibilidad por los demás que la llevó a solidarizarse con sus congéneres y ser deportada a Auschwitz, dejó consignado en su diario el anhelo incontenible de belleza que le poseía:

> «Cuando me encontraba con una bonita flor, habría querido apretarla contra mi corazón, incluso comérmela. Habría sido más difícil con otras bellezas natu-

rales, pero el sentimiento era el mismo [...]. Lo que me parecía hermoso, lo que deseaba de una forma excesivamente física, quería tenerlo. Además, siempre estaba esa penosa sensación de deseo inextinguible, esa aspiración nostálgica a algo que yo creía inaccesible, eso que yo llamaba mi "instinto creador"»[2].

Cuando la belleza del entorno falla, el ser humano la crea con sus propias manos. Entonces aparece el arte. El arte es la materia moldeada por el anhelo de infinito que existe en los humanos y que la belleza colma o, por lo menos, calma. Pero este colmar-calmar de lo bello también puede ser incendio de nuevos deseos. La belleza es una forma del amor. Dice Rûmî, el gran místico sufí:

«¡Regresa, amigo mío! La forma de tu amor
no es una forma creada.
Nada me puede ayudar, excepto esa belleza.
Hubo un alba, recuerdo,
en que mi alma escuchó algo de tu alma.
Bebí agua de tu manantial
y me sentí poseído por la corriente[3]».

Del mismo modo, San Juan de la Cruz escribía:

«¡Oh, Cristalina fuente,
si en esos tus semblantes plateados
formases de repente
los ojos deseados
que tengo en mis entrañas dibujados...!

---

2. Escrito el 15 de marzo de 1941, en ETTY HILLESUM, *Diario. Una vida conmocionada,* Anthropos, Barcelona 2007, p. 12.
3. COLEMAN BARKS, *La esencia de Rumi. Una antología,* Obelisco, Barcelona 2002, p. 135.

¡Apártalos, Amado,
que voy de vuelo!»[4].

Lo propio de la belleza es este carácter de trascendimiento que contiene, llevándonos más allá de nosotros mismos hasta la Belleza suprema. Retomamos aquí el dinamismo de *eros* que veíamos en *El Banquete* de Platón y que profundizó Plotino, para quien la verdadera Belleza no tiene forma y se identifica con el Bien:

> «Lo que está más allá de lo bello no puede ser medido. Por eso no puede tener forma ni puede ser una idea. El que es la Realidad Primera y es el Primero no tiene forma. Allá, en Él, la Belleza es la naturaleza del Bien inteligible»[5].

Para ascender por la belleza de las formas hacia la Belleza sin forma que se identifica con la Verdad y con el Bien se requiere un arduo aprendizaje, donde ética, estética y espiritualidad han de trabajar al unísono en la transformación de las pulsiones primarias.

2. La pasión de expresarse

Si bien la belleza tiene un elemento pasivo, que consiste en contemplarla, también contiene un elemento activo, que es crearla. Lo propio del artista es experimentar este impulso creador, que en algunos casos es fuego y pasión incontenibles. Así lo expresaba Vincent Van Gogh:

4. *Cántico Espiritual*, 11 y 12.
5. *Enéada* VI 7,33,21-23. Ver también: *Enéadas* I 6,9; V 5,12; V 8,9. Sobre los grados de la belleza: I 6,1.9; V 9,2.

> «Puedo prescindir de Dios en la vida y también en la pintura; pero lo que no puedo es, yo, doliente, prescindir de algo que es más fuerte que yo, que es mi vida: la facultad de crear»[6].

Este deseo arrollador e irreprimible es lo que caracteriza al artista. El artista no elige serlo, sino que está poseído por una fuerza, por un impulso interno que es bendición y estigma. Detrás de ciertas obras de arte que desprenden una gran serenidad subyace un auténtico combate. François Millet, pintor de exquisitas escenas rurales como la que plasmó en su célebre *Angelus,* confesaba así la agonía del acto creador:

> «El arte es un combate; en el arte es necesario jugarse hasta la piel. Preferiría no decir nada antes que expresarme débilmente [...]. No quiero de ningún modo suprimir el sufrimiento, porque a menudo es lo que lleva a los artistas a expresarse con mayor energía»[7].

Esta energía creadora participa del Deseo esencial hacia la Belleza absoluta. La creación artística es el resultado de un trabajo interior que se plasma en la producción de una obra exterior y tangible. El resultado es la materialización de ese anhelo que, trabajado y deviniendo forma, contiene el impulso de su creador. El carácter ascético y transformador que se padece es expresado así por Albert Camus:

> «Conozco mi desorden. La violencia de ciertos instintos, el abandono sin gracia al que puedo arrojarme.

6. Citado por ALBERT CAMUS, *El hombre rebelde,* Alianza, Madrid 1993, p. 288.
7. Citado por VINCENT VAN GOGH en *Cartas a Théo,* Barral-Labor, Barcelona 1980, p. 131.

Para su edificación, la obra de arte debe servirse de todas estas fuerzas oscuras del alma. Pero no sin canalizarlas, sin rodearlas de diques, para que pueda aumentar su caudal. De ahí, a veces, esa rigidez. En arte, todo se da simultáneamente, o no se da nada. No hay luces sin llamas. Stendhal exclamaba un día: "Mi alma es un fuego que sufre si no arde". Los que se le parecen sólo deberían crear en esa llamarada»[8].

El logro del artista consiste en depositar en la forma –ya sea plástica, verbal o musical– su deseo incontenible, que, si bien descansa ahora en la obra, al comunicarla despierta en otros los mismos anhelos. Esta necesidad de comunicarse es compleja. Así lo expresa Eduardo Chillida: «El deseo de comunicación no debe ser tan fuerte como para cambiar lo que se desea comunicar, con tal de conseguir esa comunicación»[9]. El verdadero artista se resiste a lo banal. Experimenta un imperativo de crear lo que todavía no existe, un impulso poderoso de aportar realidad, aun a costa de quedarse solo, de no ser soportado y de ser excluido de su generación. El *élan* creador es mayor que el instinto gregario de reconocimiento. El artista contemporáneo busca plasmar este dinamismo. La belleza no está ya en un canon estático, sino que consiste en un impulso de creación y en una voluntad de expresión que abre al ser humano más allá de lo convencional y de lo inmediato. En palabras de Umberto Boccioni, uno de los pintores del movimiento pictórico futurista de comienzos del siglo XX:

8. *Al revés y al derecho,* prefacio de 1958, Alianza, Madrid 1984, pp. 20-21.
9. *Escritos,* La Fábrica, Madrid 2005, p. 19.

«El estado de ánimo plástico es la valoración lírica de los elementos plásticos de la realidad, interpretados en la emotividad misma de su dinámica en vez de a través de imágenes literarias o filosóficas. La realidad objetiva en movimiento es un conjunto de fuerzas, direcciones, choques, afinidades, discrepancias, explosiones, espesores, lisuras, pesos y elasticidades que el estado de ánimo plástico capta y organiza hasta la transfiguración completa de los objetos que son su causa y fundamento»[10].

La caída de los valores y certezas de la civilización europea dio pie a las vanguardias artísticas del siglo XX, las cuales surgieron como un intento de superar el conformismo de su generación. Rechazando las formas convencionales, se rebelaban contra un mundo que no les satisfacía. Si lo bello está relacionado con lo verdadero y con lo bueno, la creación artística de la fealdad es un modo de denunciar la falsedad, la mentira, el engaño que hay en nuestra sociedad. Ello explica mucha de la fealdad explícita y buscada en el arte contemporáneo. Lo feo aparece en el arte para exorcizar la frustración debida a la falta de belleza y cualidad ética del entorno. No se trata sólo de no claudicar, conviviendo con lo desagradable o repulsivo de la propia cultura, sino de crear lo deforme como denuncia y como ascesis para acelerar la aparición de lo bello, lo verdadero y lo bueno. Así, la fealdad en el arte contemporáneo es una renuncia y una denuncia. Las vanguardias artísticas están entre la destrucción de un mundo antiguo y la creación de lo que todavía no se ve.

---

10. Citado por MARIO DE MICHELLI, *Las vanguardias artísticas del siglo XX*, Alianza Forma, Madrid 1982, pp. 253-254.

El anhelo de belleza se transforma en imperativo de autenticidad. En el arte abstracto, este impulso alcanza una de sus supremas manifestaciones. Kandinsky, uno de sus inspiradores, expresaba así esta exigencia interna que posee al artista:

> «El artista debe ser ciego a las formas reconocidas o no reconocidas, sordo a las enseñanzas y a los deseos de su tiempo. Sus ojos abiertos deben mirar hacia su vida interior y su oído prestar atención a la necesidad interior [...]. Éste es el único camino para expresar la necesidad mística: todos los medios son sagrados si son interiormente necesarios. Todos los medios son sacrílegos si no brotan de la fuente de la necesidad interior»[11].

La abstracción es estética apofática de lo sagrado. Su negación a plasmar contornos reconocibles responde al anhelo por formas más altas que no se encuentran en las ordinarias. Negándolas, tratan de alcanzar la trans-forma. De ahí el carácter oracular de algunos artistas. En ellos está depositada una parte del Deseo esencial[12].

3. La belleza como camino

A finales del siglo XVIII y comienzos del XIX, diversos pensadores participaron de la crítica de la religión por parte de la Ilustración, pero también reaccionaron frente

---

11. *De lo espiritual en el arte,* Barral, Barcelona 1980, p. 75.
12. Entre los artistas contemporáneos, Mark Rothko sería sin duda uno de los más emblemáticos. Cf. AMADOR VEGA, *Passió, meditació i contemplació,* Empuries, Barcelona 1999, pp. 145-176. También del mismo autor: *Arte y santidad. Cuatro lecciones de estética apofática,* Cuadernos de la Cátedra Jorge Oteiza, Pamplona 2005.

a las brutalidades de la Revolución Francesa. Buscando una vía de salida para el sentido de la trascendencia, lo encontraron en el cultivo de la belleza, concibiéndola casi como una religión de la inmanencia. Kant, en su *Crítica del juicio* (1790), concentró en la noción de lo sublime este movimiento de trascendimiento, por la conmoción que produce: «Lo bello nos prepara para amar algo, la naturaleza misma, sin interés; lo sublime, a estimarlo altamente, incluso contra nuestro interés sensible»[13]. Lo sublime es el excedente de belleza y de sentido que desborda a la forma más allá de sí misma. Es lo que una obra deja entrever de infinito en lo finito a través de su apariencia. El artista es capaz de depositar en lo concreto y lo limitado ese excedente de trascendencia. Friedrich Schiller, en sus *Cartas sobre la educación estética del hombre* (1795), hacía ver cómo la belleza conduce a la libertad. El cultivo del arte abre a una actividad humana gratuita que no se somete a ninguna otra. En el arte se encuentran lo sensible y lo inteligible, lo material y lo espiritual, en una apertura hacia lo infinito. Haciéndose eco de los clásicos, para Schiller también lo bello conduce a lo verdadero y a lo bueno. En la misma línea, Benjamin Constant escribía en 1806: «En la contemplación de cualquier género de belleza existe algo que nos aleja de nosotros mismos, haciéndonos sentir que la perfección vale más que nosotros»[14]. Podemos hablar de santidad de

---

13. *Crítica del juicio*, 23, s67 [213]. Citado por Louis Roy, *Experiencias de trascendencia*, Herder, Barcelona 2006, p. 65.
14. *Principes de Politique*, VIII, I, Hachette, Paris 1997, p. 141, en Tzvetan Todorov, *Los aventureros del absoluto*, Círculo de Lectores, Barcelona 2007, p. 215.

la forma, en la medida en que nos evoca esa pureza primordial y cuya contemplación nos eleva.

Lo bello, en la medida en que está situado en el límite entre lo tangible y lo intangible, conduce el deseo al exceso, un exceso que desaloja la forma para abrirla más allá de sí misma. La belleza y la estética revelan nuestra condición fronteriza[15]. Lo bello suscita en nosotros la gratuidad y nos libera de la necesidad, atenuando así la voluntad de poder, lo cual nos libera de la tentación de totalitarismo. Ya lo dijo Hegel: «La finalidad última del arte es despertar el alma y atemperar la barbarie»[16]. Hegel también entendía que la misión del arte era revelar la verdad y desvelar aquello que se agita en el alma humana, de manera que «una obra de arte es tanto más perfecta cuanto su contenido y su idea más se correspondan con una verdad más profunda»[17]. Forma y contenido se reclaman mutuamente. Una idea, un impulso o un deseo indeterminados buscan encarnarse en un contorno. La belleza se da cuando se produce unidad entre el contenido y el modo de ser de ese contenido. El artista es un mediador entre la forma y la no-forma. A través de su inspiración y de su esfuerzo es capaz de poner alma en la forma, plástica, auditiva o verbal. El artista sabe que sólo con lo finito puede construir lo infinito. Él es el intermediario de esta adecuación. Querer alcanzarla es su pasión y su agonía. Lograrla es su gloria y su descanso. Beethoven de-

---

15. Tomo esta expresión de Eugenio Trías, el filósofo catalán que ha indagado en los últimos años en esta cuestión. Cf. *Lógica del límite*, Destino, Barcelona 1991; *La razón fronteriza*, Destino, Barcelona 1999; *La edad del espíritu*, Círculo de Lectores, Barcelona 2000.
16. *Lecciones de estética*, La Pléyade, Buenos Aires 1977, p. 43.
17. *Ibid.*, p. 118.

cía: «No hay nada más hermoso que arrebatarle a lo divino sus más espléndidos rayos y derramarlos sobre la humanidad»[18]. Lo que es término para el artista se convierte en punto de partida para el espectador.

En la experiencia estética se produce una comunión entre el que contempla y el objeto contemplado. Esta comunión, esta fusión, están hechas de un mutuo intercambio, donde la dualidad sujeto/objeto desaparece por unos instantes. De pronto se abre un mundo y nos abrimos a él, en un único e inseparable movimiento. Tal es el poder que tienen la belleza y la obra de arte auténticas. En palabras de Van Gogh:

> «No conozco mejor definición del arte que ésta: "El arte es el hombre integrado en la naturaleza"; la naturaleza, la realidad, la verdad, pero con un significado, con una concepción, con un carácter, que el artista hace resaltar, y a los cuales da expresión, redime, desenreda, libera, ilumina»[19].

Toda obra de arte es una llamada que señala más allá de sí misma. «El arte adelanta el esbozo de algo que todavía no existe», dice Romano Guardini[20]. Lo propio de la obra de arte es revelar. Para conseguirlo se requiere una gran disciplina interior, contención, tenacidad y capacidad de elegir entre otros muchos proyectos, materiales o temas posibles. Esta renuncia es fundamental. Cada artista debe elegir el medio a través del cual quiere expresarse y al que quiere permanecer fiel. Esta fidelidad for-

---

18. ROMAIN ROLLAND, *Vida de Beethoven*, Losada, Madrid 1967, p. 135.
19. *Cartas a Théo*, p. 35.
20. *La esencia de la obra de arte*, Guadarrama, Madrid 1964, p. 54.

ma parte de su libertad. Entonces sucede lo que expresaba Heidegger: «La renuncia no quita; la renuncia da»[21].

Cada campo del arte recrea o revela el mundo de un modo diferente. En el ámbito de la pintura, el artista refleja en el lienzo su percepción de la realidad a partir de las resonancias que se producen en él. Su lenguaje son los trazos, los colores, las superficies y las texturas. Así expresaba Hugo van Hofmannsthal, poeta austríaco, su experiencia tras haber visto por primera vez, en 1901, una exposición de Van Gogh:

> «Me sentí exaltado por el milagro increíble de su fuerte y violenta existencia. Cada árbol, cada franja de tierra amarilla o verduzca, cada seto vivo, cada camino excavado en la colina pedregosa, la jarra de estaño, la escudilla en la tierra, la mesa, la butaca rústica, era un recién nacido que se alzaba ante mí, saliendo del espantoso caos de la no-vida, del abismo del no-ser, y yo sentía –no: sabía– que cada una de estas criaturas había nacido de una duda terrible que desesperaba al mundo entero, que su existencia era testigo eterno del odioso abismo de la nada [...]. Yo sentía por doquier el alma de aquel que había hecho todo esto, quien por esta visión se daba una respuesta para liberarse del espanto mortal de una duda espantosa»[22].

En la escultura, se trata de un proceso de ir quitando piedra a la piedra, o madera a la madera, hasta llegar a la forma esencial. Eduardo Chillida expresaba esta renuncia

21. *Camino de campo*, Herder, Barcelona 2003, p. 45.
22. Recogido en nota en *Vincent van Gogh*, *Cartas a Théo*, Barral-Labor, Barcelona 1984, p. 378.

en su cuaderno personal: «Estando bien a la escucha de lo que quiere salir, sale. No sale lo que yo quiero»[23].

En la arquitectura se reorganiza el espacio creando un microcosmos. Cada edificio es una condensación del hogar cósmico a escala humana, la delimitación del espacio infinito, a la vez que es también la recreación del vientre matricial, la primera arquitectura que nos contuvo.

En el arte dramático y en el cine se sintetizan los procesos humanos convirtiéndolos en relatos. Lo que sucede de modo irreconocible y diseminado en la vida ordinaria durante largas secuencias de tiempo se condensa en escenas que, al ser traspuestas en el escenario o en la pantalla, otorgan sentido a lo que vivimos distraída y dispersamente en la cotidianidad. Esta búsqueda y logro de sentido es una forma de alcanzar la belleza.

En el ámbito auditivo, lo que convierte los elementos sonoros en música es la combinación de notas, ritmos y armonías que unen el tiempo real con el tiempo psicológico. El compositor trata de integrar ambos tiempos haciendo participar de la gran melodía cósmica que hace mover todas las cosas. A través de los sonidos de los más diversos instrumentos, incluidas las cuerdas vocales de la voz humana, se expresan esos anhelos de infinito de los que la música y el canto son eco.

En el terreno de la palabra, la poesía supone una destilación, una esencialización del verbo, en contraposición al chorro de la charlatanería cotidiana. En la poesía se pone de manifiesto la fuerza creadora y desplegante del lenguaje. Tal es la misión del poeta, que deviene enton-

---

23. *Escritos*, La Fábrica, Madrid 2005, p. 18.

ces profeta, incluso sacerdote. Escribía Novalis en 1798: «Poeta y sacerdote eran uno en el comienzo, y sólo se diferenciarán más tarde. Pero el verdadero poeta siempre ha sido un sacerdote, de la misma manera que el verdadero sacerdote siempre ha sido un poeta»[24]. «Sacerdote» hemos de entenderlo en el sentido originario del término: *sacra-dare,* «el que ofrece lo sagrado», considerando «sagrado» a partir de su raíz indoeuropea *sak,* «conferir realidad». En la poesía se emite la palabra esencial, la protopalabra, el verbo primordial que participa del acto creador de Dios, palabra que reverbera como éxtasis de un silencio que se desea comunicar. La belleza de la palabra poética consigue evocar mundos y desplegar sentidos sin hacer ruido. La verdadera palabra no nace, sino que engendra. En términos de Martin Heidegger:

> «La verdad como iluminación y ocultación de lo existente sucede al poetizarse. Todo arte es, en esencia, poesía, en tanto que deja acontecer la llegada de la verdad de lo existente. La esencia del arte en que descansan la obra de arte y el artista es el actuar de la verdad. Gracias a la esencia poetizadora del arte, se abre un lugar cuya apertura hace que todo lo demás resulte inconsistente [...]. Por medio de la obra de arte acontece una transformación gracias a la cual se da la desocultación del ente o, lo que es lo mismo, del ser»[25].

«Poetizar» hay que entenderlo en su sentido originario de *poiesis,* «realizar», «obrar», «crear». Cada obra de

---

24. TZVETAN TODOROV, *Los aventureros del absoluto,* p.218.
25. «El origen de la obra de arte», en *Caminos del bosque,* Alianza, Madrid 2001, p. 52.

arte es una recreación del mundo, en cuanto que contribuye a dar forma y orden al caos, orientándolo hacia el término del Deseo Esencial: la desocultación del Ser. El arte es sagrado, no cuando toca temas explícitamente religiosos, sino cuando es capaz de desvelar esa hondura de lo Real y abrirle caminos, cuando la pureza de la forma deja transparentar la infinitud de Ser que se asoma a través de ese roce que llamamos «Belleza». El contorno deja de convertirse en obstáculo para devenir pasaje de revelación. Entonces, el deseo se calma tanto como se incendia, y ello le estimula a proseguir su ascenso.

6

Tecnología y Deseo esencial

«La fijación de los límites es constitutiva
de toda sociedad y de toda cultura.
No existe ningún grupo humano que pueda vivir,
en tanto que humano, en lo ilimitado».

(JACQUES ELLUL)

SI el anhelo de belleza nos impulsa a transformar el entorno creando objetos sin ninguna finalidad práctica, sino para hacer tangible lo intangible, conocemos también el estímulo de investigar las leyes de la naturaleza y construir artefactos para conquistar el mundo y transformarlo. Si con la creación artística buscamos expresarnos y evocar significados y armonías, con la ciencia y la tecnología nos afanamos por comprender el funcionamiento de las cosas e incidir con eficacia sobre ellas. Si con el arte moldeamos las formas externas, con la ciencia y la tecnología tratamos de indagar y manipular la estructura interna de la materia para ponerla al servicio de nuestros objetivos. La cuestión está en ver cómo ello nos acerca a la meta final o nos aleja de ella.

1. Cuando la naturaleza se convierte en cultura

Desde los orígenes, nuestra especie se ha distinguido por la creación de instrumentos que permiten prolongar la acción de nuestro cuerpo y llegar hasta donde nuestros miembros no alcanzan. Identificamos los restos de los primeros homínidos cuando encontramos junto a ellos manipulaciones de la naturaleza: piedras afiladas, fragmentos de arcilla moldeada, huesos de animales trabajados, etc. Los utensilios que hemos ido elaborando son la extensión de los miembros del cuerpo: un palo es la prolongación del brazo; un tejido es el reforzamiento de la piel; el lanzamiento de una piedra o de una flecha consigue superar la limitación espacial; el descubrimiento del fuego permitió alargar la luminosidad y el calor del sol; etc. Por tales habilidades atribuimos a nuestros primeros antepasados la denominación genérica de *homo habilis*. Desde entonces, y gracias al afán de investigación y manipulación de múltiples generaciones, hemos aumentado la capacidad de nuestros sentidos y de nuestros miembros, multiplicando el potencial y la eficacia de nuestra acción.

La necesidad agudiza el ingenio y estimula la invención de recursos e instrumentos que compensen la limitación corporal. Se han hecho interesantes experimentos con primates. Se enjauló a un mono y se puso junto a él un palo en el suelo. Fuera de la jaula se colocaron unos alimentos que podía alcanzar alargando el brazo, pero cada día se los iban alejando un poco más. Cuando no llegó con el brazo, empezó a debatirse con impaciencia, alternando su hambre con la angustia y con la rabia. Fueron pasando las horas hasta que, casi extenuado, cayó en la cuenta de que podía utilizar el palo que tenía dentro de la jaula para acercar la comida. Mientras la necesidad no le había acuciado, no se le había ocurrido valerse del palo. *Intellectus apretatus, discurrit,* decían los escolásticos: «cuando la inteligencia es puesta en aprietos, discurre».

Desde los primeros palos y cuerdas hasta las naves interespaciales, la tecnología y la ciencia han recorrido un gran trecho. Mediante complejas máquinas hemos alterado las coordenadas del tiempo y del espacio. Los medios de transporte han acortado las distancias, y gracias a los medios de comunicación tenemos más posibilidades de aproximarnos los unos a los otros. A través de una pantalla podemos ver y oír al que está lejos, y ello debería calmar nuestra añoranza y hacernos estremecer de agradecimiento. Pero estamos hechos de tal modo que, en lugar de quedar satisfechos, se despierta en nosotros el deseo de nuevos medios que sean todavía más rápidos y más perfectos, entrando en una espiral de la que no sabemos salir, como no sea en una huida hacia adelante. Al poner nuestra energía e inteligencia en la búsqueda de la eficacia, perdemos en cualidad y profundidad del contenido de nuestro vivir, porque hay un «siempre más» que nos priva de gozar de la irrepetible posibilidad del ahora. En lugar de ganar en cualidad, ganamos en cantidad y en velocidad, pero ello no hace mejor nuestra comprensión de nosotros mismos, ni más profunda nuestra comunicación, ni nos da una mayor capacidad de apertura, de transparencia o de donación. Tales cuestiones no dependen de unos artefactos exteriores, sino del contenido que vehiculan, que somos nosotros mismos. Los resultados muestran más bien que la inmediatez y la aceleración son inversamente proporcionales a la cualidad y a la profundidad. No educan nuestra avidez, sino que la reafirman. Haber experimentado que se puede lograr un resultado inmediato nos torna más exigentes e impacientes, alejándonos de la capacidad de espera... y también de sorpresa y de agradecimiento. Al disponer de un aparato, exigimos que funciones en todo momento y nos hacemos dependientes de él. Alguien ha dicho que cada vez se hacen cosas más útiles para gente más inútil. Cuando se estropea algo, nos enervamos o culpamos al que lo ha fabricado o al que nos lo ha vendido. La velocidad y la inmediatez pertenecen al reino de la necesidad, que, en lugar de retroceder, gana terreno, alejándonos del ámbito de la gratuidad y de la gratitud[1]. El peligro de las máquinas es que se les otorgue un poder que no tienen. Son productos al servicio de las personas, no nuestra sustitución; pero han adquirido tal protagonismo que tienden a hacerse autónomas. Como han denunciado diversos autores, el riesgo de la sociedad tecnocrática es que los medios hayan desplazado a los fines.

Los lentos procesos de la evolución han pasado a manos de la capacidad creativa e inventiva del ser humano. Gracias a la ciencia y a la técnica, hoy podemos influir sobre el proceso evolutivo. Pero ello plantea grandes retos en el campo de la bioética y de la tecnoética: ¿cuáles son los límites de esta manipulación? Los avances de la ciencia han hecho que nos estemos multiplicando de tal

1. Para expresar la alteración que la técnica introduce en el tiempo natural, ya hace varias décadas que RAIMON PANIKKAR acuñó el término «tecnocronía»: *Técnica y tiempo. La tecnocronía,* Columba, Buenos Aires 1967.

modo que nos hemos convertido en una amenaza para el planeta. Hemos alargado espectacularmente la esperanza de vida, pero no estamos siendo capaces de dar más sentido a nuestras existencias. ¿Hasta qué punto la tecnología y las aplicaciones científicas implican cortocircuitar la condición humana o, por el contrario, suponen favorecerla y acelerarla? En el campo de la tecnología bélica, una cuestión que se discute es si, al sofisticar los medios de destrucción y teledirigirlos a distancia contra el enemigo, no permiten descargar la agresividad acumulada; el efecto catártico que podrían tener las guerras como desalojo periódico del excedente de agresividad no quedaría resuelto, lo cual los haría todavía más peligrosos. Este argumento está contestado, porque la violencia también es engendradora de más violencia, y medios como los actuales evitarían el despertarla. Ello es un ejemplo de los dilemas que plantea el avance tecnológico. ¿En qué medida estamos distorsionando las leyes de la naturaleza? ¿O acaso esta continua invención forma parte del avance de la conciencia hacia el Ser Total? Estamos ante un debate donde nos encontramos con pensadores optimistas, otros críticos, y otros apocalípticos, que reflexionan sobre el futuro de la humanidad y del planeta.

2. Cuando los medios se confunden con los fines

Entre los autores que se muestran incondicionales ante el desarrollo tecnológico, hallamos a Francis Fukuyama, pensador norteamericano de origen japonés que ha divulgado la idea de que con la sociedad tecnocrática hemos alcanzado *el fin de la historia*, ya que podemos conseguir todo lo que deseamos, y ello pone término a la lucha por la supervivencia[2]. Este autor, además de no considerar la desigualdad social ni el problema ecológico, entra en contradicción al afirmar que «la tecnología hace posible la acumulación ilimitada de riqueza y, por consiguiente, da satisfacción a un conjunto cada vez mayor de deseos humanos»[3]. La falacia radica en no caer en la cuenta de que la tecnología no sólo satisface los deseos que tenemos, sino que genera otros nuevos, haciendo imparable una espiral que nos arrastra sin que podamos detenerla. Una tecnología que posibilita superar las necesidades inmediatas para poder dedicarnos a tareas más gratuitas del espíritu nos ha conducido más bien en dirección contraria: en lugar de calmarnos, nos agita y exacerba, provoca una creciente desigual social y genera serios problemas ecológicos.

Es fundamental escuchar otras voces como la de Gandhi:

> «No creo que la multiplicación de deseos y toda la maquinaria destinada a satisfacerlos acerque al mundo ni siquiera un paso a su finalidad [...]. Me desagrada mucho este deseo enloquecido de destruir la distancia y el tiempo, de aumentar los deseos animales y de correr hasta el último rincón de la tierra en busca de satisfacción [...]. La civilización, en el auténtico sentido de la palabra, no consiste en la multiplicación, sino en la deliberada y voluntaria reducción de los deseos»[4].

---

2. *El fin de la historia y el último hombre* [1992], Planeta, Buenos Aires 1992.
3. *Ibid.*, p. 15.
4. Mahatma Gandhi, en (Stephan Hay [Ed.]) *Sources of Indian Tradition,* Penguin, Delhi 1991, Vol. II, p. 262. Parcialmente citado en Gandhi, *Escritos esenciales,* Sal Terrae, Santander 2004, p. 74.

Como oportunamente se ha señalado, «esta reducción de los deseos no puede venir de reprimirlos, sino de la purificación de lo que permite desear»[5]. Sin embargo, lo propio de la noción de progreso es la convicción de que en la naturaleza de las cosas y en el conocimiento de ellas no hay límite para el descubrimiento ni para la invención. El mundo técnico se ha convertido en nuestro medio natural. Este medio nos es inmediato y es el que mediatiza todo lo demás[6]. Todo ello supone el desencantamiento de la naturaleza. «Lo que el primitivo siente como sobrenatural no es ya una sustancia espiritual opuesta a la material, sino la complicación de lo natural con respecto al miembro singular»[7]. Los objetos se nos presentan como ocasiones de manipulación. A mayor poder sobre la realidad, mayor extrañamiento respecto del entorno, disminuyendo la capacidad de relacionarnos con él de un modo amoroso, contemplativo y gratuito. En lugar de la irrepetibilidad de cada objeto que provendría de una mirada contemplativa, aparece despiadadamente la repetición. Este carácter impersonal nos crea desasosiego y un profundo malestar. Jacques Ellul, uno de los pensadores más críticos frente al poder de la técnica, ha caracterizado nuestra sociedad con los siguientes rasgos: racionalidad, artificialidad, autonomía, uniformidad, universalidad, totalización, autocrecimiento, automatismo, concatenación de las técnicas, progresión causal, ausencia de finalidad

---

5. IGNASI BOADA, «¿Qué podemos aprender hoy, aquí, de las religiones milenarias?», en *Aprendiendo de otras religiones y culturas* (XII Foro Erlijioso Herritatarra), Vitoria-Gasteiz, Marzo 2004, p. 90.
6. Cf. JACQUES ELLUL, *Ce que je crois,* Grasset, Paris 1987, p. 180.
7. M. HORKHEIMER y T.W. ADORNO, *Dialéctica del Iluminismo* [1944], Ed. Sur, Buenos Aires 1970, p. 27.

y aceleración imparable[8]. Recordando la voz de los profetas bíblicos, advierte que la mentalidad técnica «penetra todos los dominios, incluso en el propio hombre, lo cual lo convierte para ella en un objeto y lo transforma en su propia sustancia. Ya no está delante del hombre, sino que se integra en él y lo absorbe progresivamente. Así, las virtudes asociadas a la técnica se imponen por doquier, y el malestar creado por la turbulencia mecánica se calma en el rumor consolador de la unidad»[9].

La racionalidad tecnocrática somete el mundo a datos analíticos e inmediatos. Olvida el concepto que está detrás de la superficie de las fórmulas. La naturaleza y el mundo quedan reducidos a un gigantesco almacén de números y estadísticas. Todo aparece predeterminado. Los mismos individuos son tratados como piezas que tienen éxito o que fracasan, en un sistema que ha de funcionar para autoconservarse. El peligro del sistema tecnocrático es dejar de cuestionarse a sí mismo y perder la capacidad de pensar el pensamiento, creyendo que tal ejercicio le distrae de hacer nuevos inventos.

La actividad que se despliega en el campo de la ciencia y de la técnica tiene, pues, que participar de ese principio de renuncia que purifica el deseo humano para que no acabe en depredación. La contención de la *hybris* de la técnica es lo que Jacques Ellul llama una ética del no-poder o de la no-potencia (*Non-Power*). Ellul afirma con-

---

8. Cf. ALBERT FLORENSA, *Tècnica i ètica en Jacques Ellul*, tesis doctoral presentada en la Universidad «Ramon Llull», Barcelona 2006, caps. 3-5, pp. 93-214.
9. JACQUES ELLUL, *La edad de la técnica*, Octaedro, Barcelona 2003, p. 4.

tundentemente que «el conjunto de los problemas planteados por la técnica se reduce, en definitiva, a una cuestión de poder»[10]. Un poder que se inscribe y se manifiesta en el crecimiento desenfrenado de los medios. Se trata de conseguir que la técnica progrese en función de los ideales éticos y humanistas. Este pensador propone una ética basada en cuatro principios: frente a la prepotencia, el no-poder; frente a la fatalidad del universo tecnológico, la insobornable libertad de cada persona; frente a la uniformidad y la concordancia estandarizada, la capacidad de generar conflictos y asumirlos; frente a los límites que impone la técnica, la transgresión[11].

En términos semejantes, el filósofo Hans Jonas escribía en su obra más madura, *El principio de responsabilidad*: «La nueva naturaleza de nuestra acción exige un nuevo modo de humildad. Una humildad no debida, como antes, a nuestra insignificancia, sino a la excesiva magnitud de nuestro poder, es decir, al exceso de nuestra capacidad de hacer sobre nuestra capacidad de prever y sobre nuestra capacidad de valorar y de juzgar»[12].

3. Cuando la técnica conspira con el Deseo esencial

Sin negar la necesidad de tales advertencias, tampoco podemos dejar de constatar lo que la ciencia y la tecnología aportan al avance de la vida. A través de la transforma-

---

10. *Ibid.*, p. 14.
11. Cf. «Recherche pour une éthique dans une société technicienne», en (Vv.Aa.) *Éthique et Technique*, Annales de l'Institut de Philosophie et de Sciences Morales, Université Libre de Bruxelles, Bruxelles 1983.
12. *El principio de responsabilidad* [1979], Herder, Barcelona 1995, p. 36.

ción que el ser humano opera sobre la naturaleza, ésta va pasando, de tener una existencia muda, a tener una existencia abierta. Nuestros sofisticados aparatos son el resultado de la combinación de minerales y otros elementos derivados que han sido extraídos del corazón de la tierra. Gracias a las investigaciones científicas y a los avances tecnológicos, se han vencido muchas enfermedades, hemos domesticado muchas fuerzas ciegas de la naturaleza, hemos explorado las cimas y las profundidades del mundo, y empezamos a saber algo del microcosmos que contenemos y del macrocosmos en el que estamos contenidos. Hemos aligerado el trabajo manual y nos hemos rodeado de un confort como jamás habrían soñado nuestros antepasados. Por el momento, tenemos tres grandes retos que parecen incompatibles entre sí: que estos avances estén al alcance de todos; que el mundo virtual que hemos creado también sea virtuoso, capaz de impulsar valores éticos que ayuden a transformar la sociedad y las condiciones de vida de todos los habitantes del planeta; y que el desarrollo de la sociedad tecnocrática no sea a costa de destruir la biosfera. Baste tener en cuenta que cada teléfono móvil exige el empleo de 75 kilos de lo que se denomina «mochila ecológica», esto es, el material de desecho que genera principalmente la extracción de los diversos metales que lo componen: berilio, níquel, cromo, plomo, cadmio, mercurio, arsénico y plata u oro[13]. Hemos de ser conscientes del coste que le supone a la tierra nuestra civilización. Debemos aprender a seguir avan-

13. Cf. JORDI CUADROS – ALBERT FLORENSA – JOAQUIM MENACHO, *¿Un móvil nuevo y gratis? ¡No, gracias!*, Papeles Cristianisme i Justícia, Septiembre 2007.

zando en la innovación tecnológica, pero sin perder la capacidad de venerar a la misma naturaleza que nos proporciona los materiales. Asimismo, tenemos que integrar las conquistas de la ciencia y de la técnica dentro de un proceso de desarrollo colectivo hacia formas más complejas, pero también más contemplativas y serenas, que nos vayan abriendo a nuevas dimensiones de la realidad, ensanchando las posibilidades de acceso hacia el Ser total.

En esta perspectiva se situaba la célebre película de los años setenta, *2001: Odisea del espacio*[14], que se movía entre la ciencia ficción, la poesía, la filosofía y la mística. Comienza con una escena antológica: en un tiempo remoto, en medio de una tribu de homínidos que miran sin comprender, aparece una gran placa de metal. Uno de ellos se acerca, la toca, y por primera vez se le ocurre coger un hueso para agredir a su rival. Es el comienzo de la inteligencia. Cuatro millones de años después, un equipo de investigación encuentra una placa semejante en la luna. Al ser tocada esta vez, emite una aguda señal que se dirige hacia Júpiter. Se envía tras ella una nave espacial con cinco tripulantes. Cuatro de ellos son eliminados por el ordenador inteligente, que ha cometido un error y trata de ocultarlo. Sólo pervive un tripulante, que consigue salir de la nave y, a bordo de una cápsula, se acerca al monolito que flota en el espacio. Allí se le abre la Puerta de las Estrellas, que le adentra en la inmensidad y el silencio del universo. Se suceden extrañas imágenes, hasta que vemos envejecer al único astronauta superviviente dentro de una habitación donde, en lugar de morir, se trasmuta en un

---

14. Del director Stanley Kubrick, filmada en el año 1968.

feto que volverá a la Tierra. Con él ha comenzado un nuevo estadio de evolución de la especie humana.

Esta visión mística de la ciencia y de la tecnología es semejante a la que tuvo Teilhard de Chardin. En su pensamiento, la evolución del cosmos se despliega en cuatro etapas: la *atmósfera,* el tiempo de los primeros gases que se agitaron en la superficie de la tierra, período en el que las combinaciones químicas se engarzaban sin consciencia; la *biosfera,* el ámbito de la vida que se propagó a través las plantas y animales todavía sin autoconsciencia; la *noosfera,* la etapa del pensamiento, que empezó a desarrollarse con la aparición del ser humano; y la *pneumatosfera,* la dimensión del espíritu, que para Teilhard había dado comienzo con la resurrección de Cristo y que desde entonces está pugnando en el interior de la materia y de la historia. Cada esfera o etapa supone un salto cualitativo respecto de la anterior. Tan importante es subrayar la discontinuidad como la continuidad que existe entre ellas, considerando que las anteriores gestan las posteriores. A su vez, en el interior de cada etapa hay que distinguir dos desarrollos: el tangencial, de orden cuantitativo y acumulativo, y el radial, de carácter cualitativo, en dirección hacia el Centro. No podemos dejar de poner en relación los actuales medios de transporte y de comunicación, al igual que el fenómeno de Internet como la expresión técnica de esta *noosfera,* donde la red de conexiones permite un intercambio de informaciones, conocimientos y pensamientos a una velocidad y densidad sin precedentes. Por el momento, tal desarrollo tecnológico y tal acumulación de conocimiento suponen sólo un aumento cuantitativo-tangencial, pero ello permite pensar que se está dando la preparación de una masa crítica que, en un momento dado, posibilitará el salto cualitativo-radial:

> «Si el estudio del Pasado nos permite una determinada apreciación de los recursos que posee la Materia en estado de dispersión, no tenemos todavía ninguna idea acerca de la magnitud de los efectos noosféricos ¡Toda una capa de conciencia presionando hacia el Porvenir al mismo tiempo! ¡El producto colectivo y aditivo de un millón de años de pensamiento!»[15].

¿Es compatible esta visión con la imagen de Gandhi sentado en el suelo e hilando algodón con una rueca tradicional? ¿Estamos ante dos modelos civilizatorios incompatibles o es posible integrar lo mejor de ambos, donde la indagación científica y la innovación tecnológica coexistan con un discernimiento continuo, de modo que beneficie a todos los habitantes del planeta y no lastime a la tierra? Si lo logramos, lo que produzcamos puede alcanzar su significado más noble y original: podemos *pro-ducere,* actuar de manera que sus efectos nos conduzcan, nos guíen, a la plenitud de nuestra esencia.

En la medida en que la investigación científica y las innovaciones tecnológicas estén al servicio de la Vida y del Deseo esencial, como especie humana podremos colaborar con el impulso de la Materia hacia el Ser final. Tal vez nuestro desarrollo forme parte de un designio mayor, en el que este avance se esté produciendo simultáneamente en otros planetas, y estemos llamados a ponernos algún día en contacto, de modo que tanto las conciencias individuales como colectivas formen parte de un

---

15. *El fenómeno humano* [1955], Taurus, Madrid 1965, p. 341.

supraorganismo a una escala que nos supera y del que formamos parte, sin que tengamos capacidad de concebirlo, al modo en que cada una de nuestras células tiene una remota conciencia de sí misma, pero es incapaz de saber que forma parte de un organismo superior que somos nosotros[16].

16. Todo ello lo llega a sugerir el propio Teilhard de Chardin. Es un aspecto de su pensamiento que todavía no ha sido explorado. Cf. *El fenómeno humano* [1947], Taurus, Madrid 1965, pp. 364-370.

7

Conocimiento y Deseo esencial

«Para mí, recorrer los caminos que tienen corazón,
cualquier camino que tenga corazón.
Por ahí recorro yo,
y la única prueba que vale es atravesar todo su largo.
Y por ahí yo recorro,
mirando, mirando, sin aliento».

(CARLOS CASTANEDA)

¿QUÉ es el conocimiento sino una expresión del ser y de la vida haciéndose conscientes de sí mismos al entrar en contacto con todo aquello que los constituye? Si el amor y el afecto cubren un ámbito de la realidad, no menos –aunque sí de otro modo– lo cubren el conocimiento y la conciencia. El deseo, como dinamismo hacia formas de mayor entidad y experiencias más complejas, despliega modos crecientes de cognición. Conocer calma el deseo tanto como lo despierta. Es un inicio de participación en aquello que se muestra. Al conocer, sólo rozamos algo de lo que captamos, sin agotarlo, porque toda percepción está egocentrada. No podemos dejar de conocer situacionalmente, a partir de un yo siempre condicionado temporal y espacialmente. Más allá del yo se extiende lo Real, que tiene muchos más ángulos de acceso que aquel por el que uno llega. Pero el hambre y la sed de ser y de llenarse de ser hacen confundir la propia perspectiva con lo que es. No percibimos la realidad tal como es, sino tal como somos. Por ello, a medida que cambiamos interiormente, vamos conociendo de otro modo, porque todo conocimiento es resultado de una interacción continua entre una interioridad y una exterioridad.

1. La información como supervivencia

Explorar, investigar, indagar... forma parte del instinto de la vida en busca de más vida. Desde los organismos más primitivos hasta los seres más complejos, como parece que somos los humanos, cada individualidad, que es un contorno de interioridad, se relaciona con su exterioridad a través de sensores más o menos simples o sofisticados. Los sentidos son recolectores de información sobre el medio para saber cómo hay que comportarse ante él. Esta información pasa al cerebro, el cual, a medida que va haciéndose más complejo, va incrementando los matices de su percepción y su capacidad de almacenar, organizar y combinar los datos que recibe. Esta base somática es fundamental para situar el origen del conocimiento y de la conciencia y evitar que se desprendan peligrosamente de lo corporal. Inicialmente, todo conocimiento es una información para la supervivencia. Los organismos han desarrollado un complejo sistema nervioso con dos circuitos, el vegetativo y el somático –el primero, reflejo; el otro, consciente– que regulan las funciones constantes del organismo y están equipados para asumir las improvisaciones y las novedades. Por eso es importante estar conectados a nuestros *marcadores somáticos*, según la expresión del neurobiólogo António Damasio[1]. Su hipótesis es que las emociones son señales automáticas con base orgánica que nos dan una información inmediata y contundente sobre un comportamiento que estamos teniendo con el entorno. La secuencia del conocimiento es: percepción sensorial =→ emoción =→ sentimiento =→ pensamiento. Esta sucesión contiene una gradación en cuanto a su implicación orgánica y es recorrida ascendente y descendentemente, en continua ida y vuelta. La emoción se distingue del sentimiento en cuanto que se sitúa en un plano más cercano al cuerpo; su función cognitiva es más inmediata, y su resonancia más visceral. Cuando este flujo se interrumpe, comienza el desajuste: tan peligrosa es la sensación, la emoción o el sentimiento sin pensamiento como el pensamiento sin sentimiento, sin emoción o sin sensación. Se escinde lo que constituye una unidad procedente de la exploración de la vida hasta la compleja creación de un cerebro capaz de pensamiento, pero que sigue formando parte del organismo. La transmisión de información para el mantenimiento de la vida recorre simultánea y continuamente dos circuitos: el que se establece entre el exterior y el interior a través de los sentidos, y el que se ha creado en el interior del cuerpo a través del sistema nervioso, que pone en relación las reacciones más somáticas e instintivas con las formas de conocimientos abstractas. Así queda establecida una interrelación permanente entre la criatura y el medio en el que se mueve, siendo suministrados los datos necesarios para la supervivencia.

---

1. Cf. *El error de Descartes*, Crítica, Barcelona 2001, pp. 196-257.

Desde esta perspectiva se entiende que Nietzsche negara obstinadamente el fundamento de la metafísica, sosteniendo que el ser humano no busca la verdad en abstracto, sino la supervivencia, y que lo que le permite sobrevivir es aquello a lo que llama «verdad»[2]. Sin embargo, no se trata de negar un plano para legitimar otro, sino de comprender la sucesión de ámbitos y atender a cada uno según su nivel. Porque la vida no sólo busca su preservación, sino también desarrollarse y expandirse en un impulso de continuo trascendimiento. Esta búsqueda de conocimiento no es simplemente acumulativa ni lineal, sino que es exponente de un continuo proceso de superación que acompaña al ser humano. Biológicamente, estamos programados, pero nuestro programa está abierto a través de un código genético que no determina nuestros instintos; la cultura posibilita procesos sin un fin predeterminado a través de las pautas sociales y el lenguaje, que son estructuras autotransformativas, en un permanente proceso de cierre y apertura, de inmovilismo y cambio. Todo organismo vivo tiene una organización abierta, «espontáneamente adaptativa, que genera la estructura del futuro a partir del flujo de un presente liminar»[3].

Este trascendimiento continuo está reflejado en la estructura de nuestro cerebro, donde los diversos planos de conocimiento están regidos por tres áreas que se corresponden con tres fases evolutivas de su desarrollo: el tallo cerebral está en relación con las etapas más primarias y reptílicas, en la medida en que regula los reflejos corpo-

---

2. Cf. *Fragmentos póstumos IV (1885-1889)*, Tecnos, Madrid, p. 726.
3. Robert M. Torrance, *La búsqueda espiritual* [1994], Siruela, Madrid 2006, p. 313.

rales carentes de autoconsciencia; el sistema límbico sería el cerebro paleomamífero, relacionado con los impulsos, las emociones y las fantasías primitivas; y el neocórtex, presente también en las ballenas y en los delfines, es la sede de la consciencia y del *yo;* una consciencia que se va ampliando a medida que van aumentando los pliegues del neocórtex, posibilitando con ello combinaciones neuronales cada vez más complejas. Según sea el estadio evolutivo, el centro de control de la actividad neuronal se va desplazando hacia niveles superiores, hasta dar la sensación subjetiva de un «yo»[4]. Este ascenso del centro de control se reproduce a lo largo del desarrollo de cada ser humano, desde su nacimiento hasta la madurez, a la vez que se corresponde con el proceso evolutivo de las especies, a través del cual la conciencia se va desplegando hacia organismos cada vez más capaces de inteligencia y de abrirse cognitivamente a las manifestaciones del Ser Total.

Diversos epistemólogos y teóricos de las ciencias han postulado la existencia de tres mundos: los objetos físicos, la experiencia mental subjetiva y las creaciones objetivas de la mente humana[5]. En este *tercer mundo,* el de los objetos posibles del pensamiento que esperan ser actualizados, potenciales y futuros, es donde la búsqueda del conocimiento halla un soporte material que le permi-

4. Para una explicación más exhaustiva de la estructura evolutiva del cerebro, véase JOHN E. NELSON, *Más allá de la dualidad,* La Liebre de Marzo, Barcelona 2000. Con todo, hay que señalar que todos los intentos explicativos sobre la composición del cerebro y sobre el funcionamiento neuronal topan con un límite: la imposibilidad de conocer el cerebro a través del mismo cerebro.

5. Los pensadores que han hablado de estos tres mundos son: Karl Popper y Charles S. Pierce. Cf. R.T. TORRANCE, *La búsqueda espiritual,* Siruela, Madrid 2006, pp. 327-329.

te continuar indagando la verdad, a la vez que va enriqueciendo un depósito cultural que sirve de punto de partida para la siguiente generación, en una continua evolución. Por otro lado, el aumento de coeficiente de inteligencia tiene que ver con el desarrollo de la masa encefálica. Podemos captar más realidad en función del desarrollo de los órganos perceptivos y cognitivos de que disponemos. Para cada cual sólo existe la realidad que percibe. El desarrollo del cerebro y el aumento de las conexiones neuronales permiten una captación cada vez más amplia y precisa de la realidad. Nuestra condición de seres abiertos, indeterminados, nos hace estar en indagación continua. Esta búsqueda es un trascenderse consciente.

2. Grados, ámbitos y modos de conocimiento

Ese prodigioso fenómeno que llamamos «consciencia» es el movimiento reflejo sobre nosotros de aquello que conocemos. Sabemos que estamos sabiendo algo. Por eso hemos denominado a nuestra especie *sapiens sapiens*. No que sepamos mucho, sino que somos concientes de que estamos sabiendo algo. Este giro sobre nosotros mismos, esta consciencia que tenemos de ser, es lo que nos hace humanos. Para ello se ponen en juego varios procesos cognitivos: la constatación de una exterioridad, una interioridad que se hace consciente de esa exterioridad y una valoración de lo que estamos percibiendo. La consciencia cualifica el conocimiento y lo jerarquiza.

Las diversas tradiciones espirituales distinguen tres ojos del conocimiento: el ojo físico, que capta la exterioridad de los objetos; el racional, que reflexiona sobre la estructura del mundo y del mismo pensamiento; y el tercer ojo, u ojo del espíritu, el cual tiene percepciones del plano transmaterial y transmental. Este tercer nivel también es denominado en algunas tradiciones el *conocimiento silencioso*[6]. El crecimiento cognitivo no se da únicamente en la sucesión de estadios, sino en la profundidad de cada uno de ellos. Se ha hablado del espectro de la consciencia, que va desde las formas de conocimiento y de autoconocimiento más elementales hasta las más elevadas[7].

Junto con la profundidad, está la extensión del conocimiento. Sus campos son inmensos. La realidad se abre hacia fuera y hacia dentro. Cuanto más compleja es una especie, tanto más lento es el proceso de madurez de sus vástagos, ya que es mayor el número de datos y factores que tienen que integrar. Basta recorrer el programa de estudios de un cachorro de la especie humana desde los cinco hasta los veinticinco años para hacerse una idea. Dedicamos el primer cuarto de nuestra vida a equiparnos de información y de conocimientos para poder integrarnos en la comunidad y comenzar a aportar algo a nuestro legado cultural.

La multiplicación de datos que se ha producido en las últimas décadas no deja de ser abrumadora y proble-

---

6. Cf. CARLOS CASTANEDA, *El conocimiento silencioso* [1987] Swan, Madrid 1988; MARIANO CORBÍ, *Conocer desde el silencio,* Sal Terrae, Santander 1992; *Métodos de silenciamiento,* CETR, Barcelona 2006.
7. KEN WILBER es uno de los autores que más han cartografiado la evolución de la consciencia en libros sucesivos, cada vez más maduros. Cf. *El espectro de la conciencia* [1977]; *La conciencia sin fronteras* [1979]; *El proyecto Atman* [1980]; *Después del Edén: Una visión transpersonal de la evolución humana* [1982]; *Los tres ojos del conocimiento* [1983]; *El ojo del espíritu* [1997]. En castellano, todos estos títulos han sido publicados por Kairós.

mática. Así lo expresaba Thomas E. Eliot a mediados del siglo pasado en un soberbio poema del que tomo un fragmento:

> «¿Dónde está la sabiduría que hemos perdido en conocimiento?
> ¿Dónde está el conocimiento que hemos perdido en información?
> En veinte siglos, los ciclos del firmamento
> nos han alejado de Dios y nos han acercado al Polvo»[8].

Sin negar el peligro de dispersión y de superficialidad que genera nuestra cultura, este estallido de información que vivimos nos está abriendo a una nueva manera de comprender el mismo conocimiento. Una nebulosa de datos, códigos, posibilidades, interpretaciones y cosmovisiones se superponen unos a otros en un espacio cultural donde se dan simultáneamente. Los científicos nos dicen que todo ello es reflejo de la materia misma, la cual es incierta y, en el campo subatómico, está regida por el principio de la indeterminación. De ahí se desprende la llamada *teoría del caos:* la realidad no responde a una continuidad lineal de causa-efecto, sino que una causa puede tener múltiples efectos, lo cual supone que sus repercusiones son impredecibles. Entrar en esta nebulosa nos produce perplejidad. Perdemos pie en una red de infinitas combinaciones y ramificaciones, exponente de lo

8. «Where is the wisdom we have lost in knowledge? / Where is the knowledge we have lost in information? / The cycles of Heaven in twenty centuries / bring us farther from God and nearer to the Dust»: «Choruses from "The Rock"», en *Collected Poems 1909-1962,* Faber & Faber, London 1963, p.161.

cual es la cultura de Internet. Sin embargo, la teoría del caos no es la sentencia sobre la incognoscibilidad del mundo y su inquietante carácter azaroso, en el que existiríamos por casualidad, sino un nuevo modo de comprender el mundo, en el que cada causa no sólo tiene un efecto, sino que puede tener múltiples e imprevisibles consecuencias, lo cual comporta saber deslizarse por y con ellas, en lugar de forzar a que coincidan con la propia previsión, estrechando así tanto la realidad como nuestra imagen de Dios.

Tras la desmembración de un mundo cerrado y monolítico y de una mentalidad lineal, que daba seguridad pero que también aprisionaba y excluía muchos ámbitos de realidad, la información cruzada e instantánea de Internet y de los actuales medios de comunicación supone la caída de un mundo de seguridades para entrar en la era y también en la espiritualidad del fragmento. Frente a las grandes verdades religiosas de antaño, se proponen visiones provisionales y adaptativas. Ello no conduce necesariamente a un relativismo corrosivo, sino que puede abrir a un nuevo modo de concebir la vida del espíritu como indagación constante, como desplazamiento continuo, tal como han señalado los místicos de todos los tiempos. La conexión en red tiene mucho que ver con las leyes del caos, en cuanto que desaparecen los órdenes jerárquicos estáticos para inaugurar nuevas formas de relación con la realidad y también con Dios. La espiritualidad actual, como nuestra cultura, nuestra biología y el mundo subatómico, resultan ser móviles, modulables y con grandes dosis de imprevisibilidad. Todo ello explica que se esté dando un interés espontáneo por propuestas como el taoísmo, el cual plantea lo que se podría llamar una *caotización* de la percepción ordinaria de la realidad para acceder a estadios superiores de conciencia[9].

La información que genera nuestra cultura no nos aboca necesariamente a la superficialidad, sino que puede ser portadora de novedad. Información es todo lo que crea sentido y sinsentido, realidad y no realidad, percepciones, conocimientos, vida; todo lo que provoca una modificación, un cambio en el estado del saber. Da forma (*in-forma*) donde antes no había ningún contorno. En este sentido, la *información* es generadora del *efecto mariposa:* sus alas batiendo en un prado de Australia pueden crear un maremoto en la costa de California, debido a una sucesión imprevisible de causas y efectos. El *efecto mariposa* es un arranque de *in-formación* que se convierte en un agente transformador, en la medida en que todo está conectado con todo. Del mismo modo, la información está constantemente llegando a la conciencia, posibilitándole campos infinitos de actuación. El universo se construye permanentemente gracias a un aumento continuo de información. Nuestra cultura internáutica, junto con el desarrollo de los medios de comunicación y de transporte, es vehiculadora de este impulso creador, que contiene una dimensión trascendente, aunque no se explicite. Del mismo modo que en el cerebro humano se ha ido desarrollando una masa encefálica que permite conexiones neuronales cada vez más complejas, los medios cibernéticos constituirían el cerebro y el sistema nervioso de un supraorganismo que organiza y desplaza la información a escala planetaria, constituyendo la materialización de la *noosfera* de la que hablaba Teilhard de Chardin.

3. Cuando el conocimiento se torna sabiduría

Más allá de toda esta masa de información y acumulación de datos, se va sedimentando un saber. Si el conocimiento se pregunta por el *qué,* por el *cómo* y por el *porqué,* lo propio de la sabiduría es saborear reposada y connaturalmente lo que se está sabiendo. Si la información y el conocimiento tienen algo de conquista, la sabiduría es receptividad. Tal es la diferencia entre un conocimiento meramente técnico y un saber esencial o existencial. Sabiduría es un saber con sabor. En palabras de Ignacio de Loyola: «No el mucho saber harta y satisface el ánima, mas el sentir y gustar de las cosas internamente»[10]. La sabiduría es el rastro que va dejando el saber en una persona, así como en una comunidad, en una tradición religiosa o incluso en una civilización. Es el verterse de lo exterior hacia lo interior de modo que va cambiando la percepción de esa exterioridad porque la sabiduría transforma su actitud hacia ella.

Lo que convierte a alguien en sabio es su apertura y su capacidad de percibir la vida como misterio y con agradecimiento, con la conciencia de que toda captación de la realidad ya es don y prodigio de la existencia. Albert Einstein dijo en el discurso de investidura en la Real Sociedad Británica de Astronomía (1925): «Quien da con una idea que permite penetrar, aunque sólo sea mínimamente, en el misterio externo de la naturaleza, es receptor de un gran don». Si este estremecimiento se da ante la

---

9. Cf. TOSHIHIKO IZUTSU, *Sufismo y taoísmo,* vol. II, Siruela, Madrid 1999, particularmente pp. 47-54; 75-99.
10. *Ejercicios Espirituales,* 2.

exterioridad del mundo, ¡cuánto más no se dará cuando se trate del adentramiento en las profundidades del ser...!

Porque el deseo de conocimiento que nos habita no es sólo de la exterioridad, sino también de nosotros mismos. Desde hace casi tres milenios sigue resonando la inscripción del templo de Delfos: «Conócete a ti mismo». Todas las tradiciones espirituales y la mayoría de las escuelas filosóficas han resaltado la indisociable e íntima correlación que existe entre lo conocido y el conocedor. «Conoceréis la verdad, y la verdad os hará libres» (Jn 8,32), dijo también el joven rabino de Nazaret. Nuestra percepción de la realidad tiene que ver con nuestro estado interno, a la vez que nuestro entorno inmediato condiciona nuestra captación de la realidad. Estamos en una continua interacción. «Para conocerse a sí mismo y para conocer el mundo con un conocimiento pleno y fecundo, el hombre, ¿no ha de ser él mismo una existencia plena y fecunda?», se preguntaba Emmanuel Mounier[11]. Porque, ¿qué es el conocimiento, sino una forma de participación en lo que se da a conocer? El deseo de saber es una modalidad del deseo de ser y de adentrarse en el Ser, que se va desvelando a medida que crece nuestro conocimiento. El conocimiento que perdura es el que implica un co-nacimiento, un nuevo nacer gracias a la interiorización que hemos hecho de algo. En las tradiciones religiosas, este conocimiento participativo tiene un nombre específico: se llama *gnosis* en el cristianismo primitivo, *yadar* en el judaísmo, *ma'rifa* en el islam, *jñana* en el hinduismo, *prajna* en el budismo, *pahul* en el sikhismo. Forma parte

11. *Introduction aux Existentialismes*, Gallimard, Paris 1962, p. 16.

del proceso de transformación que lleva a la unión. Pero esta unión que se da por medio del conocimiento atraviesa diversas rupturas y discontinuidades.

En todos los caminos espirituales, el conocimiento de Dios se acaba tornando desconocimiento, porque saltan las categorías que hasta entonces se habían tenido. Los ojos quedan cegados por un exceso de luz. La noche es la percepción subjetiva de la discontinuidad que produce el abismo de la trascendencia. El verterse de ese conocimiento en palabras humanas se hace imposible. Sólo la poesía es capaz de evocar lo vislumbrado:

> «Yo no supe dónde entraba,
> pero cuando allí me vi,
> sin saber dónde me estaba,
> grandes cosas entendí,
> que me quedé no sabiendo,
> toda ciencia trascendiendo [...].
>
> Era cosa tan secreta
> que me quedé balbuciendo [...].
>
> Cuanto más alto se sube
> tanto menos se entendía,
> que es la tenebrosa nube
> que a la noche esclarecía;
> por eso quien la sabía
> queda siempre no sabiendo,
> toda ciencia trascendiendo»[12].

---

12. SAN JUAN DE LA CRUZ, «Coplas hechas sobre un éxtasis de harta contemplación», en *Obras Completas,* Ed. de Espiritualidad, Madrid 1994, pp. 83-84.

El sabio, el místico es el que se ha dejado configurar por este conocimiento participativo. De ahí aquellas palabras de Evagrio Póntico, monje egipcio del siglo IV: «Si oras de verdad, es que eres teólogo; y si eres teólogo, oras de verdad». En este estadio, el afán por el conocimiento de Dios se ha calmado. Uno ya no desea tanto conocer cuanto conocerse en Quien es conocido; sólo puede mirar desde la mirada que le mira. La búsqueda hacia fuera se convierte en permanencia en el adentro; y cuanto más se profundiza, tanto más se diluye lo que separa o divide el afuera del adentro, «toda ciencia trascendiendo». Y es que, como dice Rûmî, «tenemos caminos dentro de nosotros que jamás nadie conocerá»[13].

13. Recogido por COLEMAN BARKS, *La esencia de Rumi,* Obelisco, Barcelona 2002, p. 60.

8

Vocación personal y Deseo esencial

«Al que venza, le daré el maná escondido
y le entregaré una piedra blanca,
y sobre ella habrá un nombre nuevo escrito
que nadie conoce sino el que lo recibe».

(Ap 2,17)

«Toda persona tiene ante sus ojos una imagen
de lo que está llamada a ser;
mientras no lo es,
no está plenamente tranquila».

(MAX SCHELLER)

ESTAMOS sostenidos por el anhelo de llegar a ser plenamente nosotros mismos, ya que cada uno es camino y ocasión para alcanzar y ser alcanzados por el Ser total. Existimos para desplegar la irrepetibilidad de la forma que el Ser fontal y final toma en nosotros. La vida, desde sus orígenes, se ha ido diversificando, adquiriendo las manifestaciones más distintas hasta grados increíbles de diferenciación y sofisticación. Cada ser es una expresión única del Único. De ahí la sacralidad de cada existencia. En el ser humano, esta singularidad se expresa en la vocación personal, una llamada que hay que aprender a discernir, porque anda perdida entre otras voces.

1. El impulso de ser uno mismo

Todos los seres sienten el impulso de crecer, decía Paulo Freire. La cuestión está en descubrir la dirección de esta fuerza, porque los modos y trayectorias son diferentes para cada uno. Teilhard de Chardin hablaba de los *phyla*, haces vivientes, elásticos y polimorfos que se van diversificando en una jerarquía de ramificaciones escalonadas: clases, órdenes, familias, géneros y especies, hasta llegar a cada ser particular. El *phylum* se desarrolla, en función de su propia especificidad, a partir del primer tronco de la vida, que va abriéndose en ramas cada vez más finas[1]. Traspasado al ser humano, cada cual es un *phylum* único que tiene que llegar a descubrir su línea de avance.

En el recorrido que hemos hecho por los diversos ámbitos del deseo habremos podido constatar afinidades o preferencias que no proceden de elecciones conscientes, sino de inclinaciones que con frecuencia se manifiestan en los primeros años de la vida. Hay quienes desde muy pequeños tienen claro lo que desean ser de mayores. En otros casos, la concreción no es tan evidente, pero ya existen atracciones por áreas o actividades que cristalizarán en profesiones ulteriores. Estas decantaciones no se explican meramente por la influencia familiar o del entorno, porque entre hermanos se dan diferencias sorprendentes. Su gestación hay que ir a buscarla en la irrepetibilidad de una existencia de la que cada ser es receptáculo.

Se ha hablado de tres arquetipos que pueden servir como una primera aproximación para identificar la voca-

1. *El fenómeno humano,* pp.138-171.

ción personal: el héroe, el genio y el santo[2]. Cada uno de ellos actúa en su respectiva región de realidad y configura un tipo de personalidad, lo cual está relacionado con la tríada que ha guiado las presentes páginas: el héroe se despliega en el campo de la corporeidad y de la acción y tiene que ver con la energía de los instintos; el genio está en relación con la capacidad creadora, con la transformación de la materia y con la mente; el santo se sitúa en el ámbito del corazón y del espíritu y cultiva la veneración por todas las cosas, porque capta en ellas la Fuente que las origina. El héroe se expresa en los hechos y en su capacidad de reaccionar frente a la inercia o la pasividad; el genio se expresa mediante un impulso creador que se manifiesta en sus obras; el santo se concentra en la transformación de sí mismo para transformar el mundo, y se le necesita por lo que es capaz de despertar en los demás. Por supuesto que no se trata de ámbitos excluyentes, sino de predominancias que pueden ayudar a saber desde qué centro se sitúa uno y desde dónde actúa. Representan diversos modos de estar en y para el mundo, configurando el modo de respuesta a la llamada que cada cual siente dentro de sí.

Se podría decir también que la vocación personal es lo que en el arte se conoce como estilo. «El estilo es la manera particular con la que un autor ordena sus conceptos y habla la lengua de su oficio», decía Stravinsky[3]. Cada ser humano está llamado a configurar de un modo úni-

---

2. Es ya clásica la obra póstuma de Max Scheler con este título: *El santo, el genio, el héroe,* Nova, Buenos Aires 1961. Fue redactada entre 1911 y 1912, con modificaciones posteriores.
3. *Poética musical,* Taurus, Madrid 1979, p. 74.

co los elementos de su existencia, en función de su llamada interna y de sus circunstancias externas. En palabras de Ibn Hazm de Córdoba: «No está permitido a ningún ser humano imitar a cualquier otro, vivo o muerto, porque cada uno está obligado a realizar, en la medida de sus posibilidades, un esfuerzo interpretativo»[4].

Una de las aportaciones más originales del pensamiento de Baruc Spinoza es la noción de *conatus*, según la cual todas las cosas están constituidas por un impulso interno a ser ellas mismas. *Conatus* es esa potencia «con la cual cada cosa se esfuerza por preservar su ser, que no es más que la esencia actual [y actuante] de la misma cosa»[5]. Spinoza consideraba que esta fuerza interna tiene un tiempo indefinido que supera la misma existencia de la cosa, porque es participación de un aspecto de Dios. «No es destruida por ninguna causa exterior, sino que seguirá existiendo por la misma potencia por la que ya existe»[6]. A través de esta potencia, Dios mismo se expresa de una cierta y determinada manera. Ese impulso de ser *esa* cosa y no otra procede de aquello de Dios que hay en ella para que sea tal cosa. Así, la piedra está impelida desde la esencia de sí misma a ser piedra; no sólo piedra en abstracto, sino con la densidad y forma según el mineral o minerales que la componen; cada planta y cada animal pugnan por desarrollarse según la idiosincrasia propia de su especie; y así sucede con cada ser. Si todo ello se da

---

4. Citado por Abdennur Prado, *El islam anterior al Islam,* Oozebap, Barcelona 2007, p. 199.
5. *Ética demostrada según el orden geométrico,* 3,7, Trotta, Madrid 2005, p. 133.
6. *Ibid.,* 3,8.

en la diversidad de formas que nos rodean, ¡cuánto más en las personas...! Nuestra tarea consiste en conectar con ese impulso constituyente de cada uno para desplegarnos desde nuestra especificidad, colaborando así con la transformación de la materia en espíritu, al mismo tiempo que nos unimos a Dios a través del atributo que se ha manifestado en cada cual.

En el hinduismo existe una palabra para referirse a esto mismo: *yukti*. *Yukti* contiene y expresa la irrepetibilidad de cada ser, la genuinidad de cada uno, que nos es dada como semilla y que tiene que germinar en la tierra que también es cada uno. Somos tierra y semilla al mismo tiempo. Un germen que no siempre se sabe identificar y que, a medida que se va desarrollando, va desvelando su misterio. Este despliegue de la semilla que somos se va descubriendo mediante los deseos que persistentemente pugnan en nosotros para abrirse, para ser dados a luz. Estar a la escucha de esta voz, que es interna y externa a la vez, es una de las tareas más importantes que tiene todo ser humano. Esa voz surge de las profundidades de uno mismo, de ese maestro interior que nos habla en lo oculto y que podemos escuchar cuando nos silenciamos; pero la voz también es exterior, porque requiere de un acoplamiento en el mundo en el que se ha de desarrollar. Todo ello no se produce sin resistencias ni rodeos.

2. Extravíos, resistencias y tanteos

Lo propiamente humano no es hacer, sino ser y, desde ahí, actuar. La actuación es expresión del ser y la personalización del hacer. Mediante ella desplegamos nuestra llamada en el mundo y la historizamos. Nuestra acción nos va configurando. En términos orientales, se habla de *karma,* de la raíz *kri-*, «hacer», «realizar». El *karma* no es un fatalismo que nos determina irreversiblemente, sino que es el poso que deja en nosotros todo pensamiento que gestamos, toda palabra que proferimos y toda acción que realizamos. Vamos siendo aquello que pensamos, decimos y actuamos. Cada acto –mental, verbal o corporal– se inscribe en lo real y lo va moldeando, a la vez que somos moldeados a través de ellos. Las acciones que llevamos a cabo se incorporan a la materia y afectan a la historia, colaborando en el lento caminar hacia la trascendencia y en el desvelamiento de su transparencia[7].

No hay vida sin movimiento. Todo está en cambio continuo, y el universo entero está en proceso. También dentro de nosotros hay una constante conmoción que es indispensable interpretar para saber si nos lleva hacia más vida o hacia la muerte. Ignacio de Loyola habla de *mociones*[8] –literalmente, «movimientos»– para referirse a las resonancias que se producen en nosotros, pugnando por expresarse con un lenguaje que hay que aprender a descifrar. Tal es el arte del discernimiento, basado en la atención a las alternancias de consolaciones y desolaciones que acontecen en los pliegues y repliegues de nuestra interioridad en diálogo con la exterioridad. Por consola-

---

7. MAURICE BLONDEL (1861-1949) se adelantó al existencialismo con su reflexión sobre los múltiples pliegues de la acción humana, en un intento de relacionar la densidad de la inmanencia con su despliegue hacia la trascendencia. Cf. *L'Action* (1893). Publicado en castellano por BAC, Madrid 1996.
8. *Ejercicios Espirituales*, nn. 6, 182, 313, 316, 317.

ción hay que entender todo aquello que nos expande y nos abre hacia más vida, mientras que la desolación es lo que nos retrae y nos paraliza, impidiendo el flujo de la existencia y el impulso del Deseo esencial. Con todo, la desolación también tiene efectos benéficos, porque nos pone en contacto con zonas olvidadas o descuidadas de nosotros mismos, lo cual nos muestra nuestros límites y nos impulsa a reaccionar. La noche es tan necesaria como el día para tomar consciencia de nuestras posibilidades.

En cada acción hay una gran cantidad de elementos implicados, la mayoría de los cuales ignoramos. Somos responsables de los que pasan por nuestra conciencia a partir de la decisión intencional, que es donde nos jugamos la dirección de nuestros actos, y la acumulación de actos acaba determinando la dirección de una vida. Toda acción comporta una elección, y elegir supone optar, lo cual implica renunciar, ya que decidir (*scindere*) significa cortar, re-cortar entre otras posibilidades, tal como hay que podar un árbol para que crezca en una sola dirección.

Para ello hemos de vencer diversos tipos de resistencias, tanto externas como internas. Las primeras tienen que ver con la densidad y complejidad del mundo, hecho de factores múltiples que nos sobrepasan. Las segundas proceden de direcciones mal tomadas que nos han alejado de la llamada esencial, creando unos hábitos difíciles de deshacer. Retomar la ruta no es fácil, porque el ser humano, aunque está propulsado desde lo más hondo de sí a realizar su vocación, es también un animal de inercias. Estas resistencias se manifiestan en forma de desolación. Al darse estas disonancias, la persona que está atenta a su mundo interno puede comprender que le están llegando mensajes de una inadecuación, y ello le permite reaccionar. Pero también existen las falsas consolaciones. Éstas se dan cuando el impulso de actuar coincide con la tendencia en la que uno está instalado, de modo que tal llamada aparente no supone una expansión ni un crecimiento con respecto a lo que se está llamado a ser, sino el refuerzo de un extravío. La desinstalación que permite crecer se experimenta en un primer momento con desconsuelo e incomodidad. Las consolaciones y desolaciones tienen, pues, signos diferentes, en función del momento en que se produce la resistencia. Nuestras sensaciones corporales, afectivas o espirituales son siempre situacionales y, por ello, son diferentes para cada uno, como diversos son sus significados en función del estado en que uno se encuentra.

Para aclararse en este laberinto, Ignacio de Loyola propuso unas reglas de discernimiento basadas en la identificación de lo que él llama *buen* y *mal espíritu*[9]. No estamos lejos del binomio freudiano de *eros* y *thanatos,* pero con alguna diferencia de acento. Freud tomó esa polaridad de pujanzas desde la base orgánica, mientras que san Ignacio las consideró como exteriores, para distinguirlo de lo que proviene del campo consciente:

> «Propongo ser tres pensamientos en mí, es a saber, uno propio mío, el cual sale de mi mera libertad y querer, y otros dos, que vienen de fuera: uno que viene del buen espíritu, y el otro del malo»[10].

Eros y *thanatos* estarían situados en el origen de los impulsos de la vida, mientras que los *espíritus* hacen re-

9. *Ejercicios Espirituales*, nn. 313-336.
10. *Ejercicios Espirituales,* n.32.

ferencia a su dirección última. Pero tanto si los tomamos desde su base como desde su finalidad, acontecen en el interior del ser humano. Ambos autores tienen en común señalar que estos movimientos suceden, que son complicados y que tienen un significado si se aprenden a descodificar. Para ello hay que detenerse a escuchar. Esta auscultación requiere capacidad de introspección para entrar en contacto con un *sentir*. Somos una caja de resonancia que se dilata o se contrae en función de lo que es pulsado desde dentro y desde fuera de nosotros. Estas resonancias constituyen un lenguaje holístico que es corporal, afectivo y espiritual al mismo tiempo. Se trata de un *sentir* que está inscrito en nuestras entrañas, en nuestro vientre, en nuestra piel, en nuestro latido, en nuestra mirada. En la medida en que la vocación personal es una llamada integral, necesitamos atender a la gama de respuestas que resuenan en la totalidad de nuestro ser, comenzando por nuestro cuerpo. Me remito de nuevo a la función cognitiva de los marcadores somáticos de António Damasio[11]: el cuerpo es sabio y reacciona instintivamente a los datos que proceden del exterior. Dado que en el ser humano se recapitulan las diversas edades de la evolución, resuenan en nosotros los diversos estadios que nos constituyen: el biológico, el psíquico y el espiritual, engarzándose el uno en el otro, cada plano con una gramática específica que hay que aprender a descifrar, porque pertenecen a estadios diferentes del ser, pero a la vez forman parte de la unidad que nos constituye como humanos, hechos de tierra y cielo al mismo tiempo, de in-

11. Cf. cap. 7, apartado 1.

manencia y de trascendencia. De este modo, el cosmos se va transformando con el aporte que cada existencia está llamada a realizar a través de su irrepetibilidad.

De tal manera formamos una unidad, que algunas enfermedades provienen del hecho de estar desajustados a la llamada que desea expresarse en nosotros. Estar a la escucha de esta voz tiene repercusiones en nuestra salud corporal, porque nuestro cuerpo está al servicio del Deseo esencial[12]. La corporeidad es el vehículo que tenemos para llevar a cabo la llamada que llevamos inscrita; el que lo facilitemos o le opongamos resistencia repercute en el instrumento que ha sido creado para ello.

Las experiencias y situaciones que vivimos son de diferente calado. Unas pasan, otras nos pasan, y otras nos traspasan. Cuando se dan estas últimas, es importante no olvidarlas, y menos aún traicionarlas, sino seguirlas hasta donde nos lleven, siempre escuchando ese impulso que guía el deseo hacia su meta. Esta atención permite ir adquiriendo el instinto para identificar la voz del maestro interior entre tantas otras solicitaciones que alienan, que nos hacen ser otro en vez de uno mismo.

Hay que reconocer esos movimientos internos, nombrarlos, aceptarlos y hacerse responsable de ellos para abrirlos y ponerlos en relación con el desarrollo de la historia y los procesos cósmicos. De este modo, el dinamismo interno entra en diálogo con los acontecimientos externos, en un creciente acoplamiento. Cuando los anhelos más hondos de la persona pueden salir a la luz y materializarse a través de acciones que requieren decisiones concretas, entonces se libera el potencial contenido en cada uno, como si se tratara de la fisión del núcleo de un átomo, generando una gran cantidad de energía.

3. La intransferible especificidad de cada uno

Nos vamos haciendo en función de la dirección que toman nuestros deseos, a la vez que lo que deseamos es el eco de una Fuente que procede de mucho más lejos que nosotros mismos. Somos nuestra propia lejanía, habitados por una Otreidad trascendente en el fondo de nuestra inmanencia que pugna por salir a la luz.

En el islam se considera que *Alláh* es el nombre supremo de Dios, que se difracta en noventa y nueve nombres. Cada nombre es un atributo divino y contiene una especificidad de Dios en su aspecto centrífugo[13]. Cada ser está determinado por una relación con Dios a través del Nombre manifestado. Dios es Señor de cada cosa a través del Nombre que se le manifiesta. Más radicalmente, cada ser es el aspecto de ese Nombre o de ese Señorío que se muestra en el mundo de los fenómenos a partir de planos sucesivos. Cada criatura es una especificación de los diversos nombres o señoríos de Dios. En el mundo visible, cada ser es una condensación única de uno o algunos de los atributos divinos:

> «El Señor de cada cosa exige de cada ser únicamente lo que aparece en éste de forma natural, y el ser, a su vez, por su preparación, no exige de su Señor más que aquellos atributos y acciones que su Señor hace aparecer en él de forma natural»[14].

---

12. Sobre esta cuestión, véase el sugerente libro de THORWALD DETHLEFSEN y RÜDIGER DAHLKE, *La enfermedad como camino* [1983], Plaza & Janés, Barcelona 1997.
13. Cf. TOSHIHIKO IZUTSU, *Sufismo y taoísmo*, Vol. I, Ibn Arabî, Siruela, Madrid 1997, pp.117-161.
14. Palabras de al-Qâsânî, primer comentador de Ibn Arabi, en *op. cit.*, p. 130.

La tarea de cada ser es identificar de qué atributo es manifestación. En palabras más cálidas de Rûmî:

«Dios toma la flauta de la caña del mundo y sopla en ella.
Cada nota es una necesidad que surge en cada uno de nosotros,
una pasión, un doloroso añorar.
Recuerda los labios
de donde surgió la ráfaga de aliento
para que cada nota suene con claridad.
No intentes acabarla.
Sé tu nota.
Te mostraré que basta con esto.
En esta ciudad del alma
trepa de noche hasta el tejado.
¡Que todo el mundo suba a su tejado
y entone su nota!
¡Canta bien fuerte!»[15].

Se nos convoca a lo más alto de nosotros mismos para tocar con firmeza la nota que nos ha sido confiada y que atraviesa nuestro ser. Para ello hay que vaciarse de todas las otras voces que nos confunden y llegar a ser pura oquedad, de modo que nuestro vacío ofrezca el contorno preciso de la nota divina.

En la tradición cristiana se habla de buscar y hallar la voluntad de Dios para cada uno. Esta voluntad no es un mandato externo, arbitrario o despersonalizador, sino que, por el contrario, es el camino por el que cada cual adquiere la plenitud de su identidad, a través de un má-

---

15. *La esencia de Rumi,* Obelisco, Barcelona 2002, pp. 136-137.

ximo de unión, por medio del carácter activo y cocreador, al con-sentir con tal Voluntad. No se trata de *hacer* la voluntad de Dios, sino de *convertirse* en esa Voluntad y fluir en una única dirección con la totalidad del propio ser unificado.

Se trata de descubrir el nombre único que nos ha sido dado en el momento de nuestra concepción. Cuando damos un nombre, estamos reconociendo una singularidad. Nombrar es personalizar. En el mundo bíblico, los nombres son portadores de la esencia de lo que se nombra. Por eso Dios no puede ser nombrado, porque ningún nombre puede contenerlo. Se trata de recibir el propio nombre, tal como aparece con tanta frecuencia en la tradición bíblica: «El Señor que te ha creado, que te ha formado, te dice: "No temas, yo te he liberado, yo te he llamado por tu nombre; eres mío"» (Is 43,1-2); «has sido tatuado en la palma de mi mano» (Is 49,16)[16]. Se nos ha dado el ser para desplegar esa unicidad, esa irrepetibilidad que se nos ha confiado, para hacer sonar la nota que uno es con el máximo de afinamiento que nos sea posible, porque ello es lo que permite la manifestación misma de Dios. Esto es lo que Jesús elogió de María: haber sabido centrarse en una única tarea (Lc 7,42). Marta, en cambio, andaba agitada sin saber lo que debía hacer. Estamos llamados a hacer una sola cosa, la única necesaria: desplegar nuestro ser hacia el Ser a través del camino singular e irrepetible de cada cual. Al verdadero Pastor se le reconoce porque llama a cada oveja por su nombre (Jn 10,2), y ellas se reconocen en la voz y el tono con que son atraídas ha-

---

16. Ver también Gn 15,1; 17,5; 22,1; 35,10; Ex 3,4; 1 Sm 3; Jr 1,4-5; etc.

cia el Ser a través de los prados de su propio ser. Él se hace en nosotros a través de nuestra apertura a Él, habitando el espacio que desalojamos. Así, Dios toma la forma precisa de nuestro contorno, un contorno que ha creado para alojarse a sí mismo en nosotros, pero que sólo es posible en la medida en que consentimos a ese desalojo.

Así se va dando el proceso hacia la unión, donde un máximo de personalización coincide con un máximo de unión. Esta paradoja forma parte de los misterios de nuestra relación con el Ser: cuanto más vamos siendo nosotros mismos, tanto más vamos dejando que sea en nosotros Aquel que nos da el ser para que seamos y deseemos ser siempre más y sin cesar. Y este *desear-ser-más* se hace posible en la medida en que nos vamos entregando, allá donde nuestro ser se pierde en su Ser. Nuestro deseo de ser nos vacía de ser para colmarnos del Ser cuya esencia es hacernos participar de su ser.

Tal unión se da a través de la receptividad, hecha de escucha y de atención paciente y serena a cada momento, tal como veíamos al comienzo del recorrido con la respiración, el comer y el amar. El proceso de personalización pasa por atender cada uno de los actos y movimientos que se dan en nosotros, porque es en nosotros donde vive lo eterno. Si bien es cierto que nos desplazamos linealmente en el proceso de ir haciéndonos, no es menos cierto que *somos* en un permanente presente, hecho de sucesión de instantes que sólo existen uno tras otro. En la medida en que nos abrimos a la transparencia del ahora, alcanzamos lo que todavía nos parece que no somos. Ello supone un continuo tomar y desprenderse sin avidez, dejando ser, permitiendo que el Ser sea en nosotros en la forma en que se nos presenta y con la que se adentra en la propia existencia. Este adentramiento provoca en nosotros *mociones*, y estos movimientos internos, sutiles y persistentes, nos impelen a desplegarnos según el *phylum* que vertebra la sustancia de nuestro ser.

Así, por medio de la acción de cada cual, el cosmos adquiere un contorno y se va personalizando. Cada uno, con su propia vida, es co-creador de lo Real, caminando en verdad, bondad y belleza. Vamos entretejiendo así las personas con la comunidad, el cosmos con la historia, y la historia con la escatología a través del hilo que cada uno es, aportando su dibujo, color, grosor y textura específicos. De este modo, el Ser es dado a luz en cada existencia.

9

Oración y Deseo esencial

«La verdadera visión de Dios consiste en esto:
que quien eleva los ojos hacia Él
nunca más deja de desearlo,
porque su Ser es inaccesible».

(GREGORIO DE NISA)

«En el océano de Brahma,
lleno del néctar de la absoluta felicidad,
¿qué se podría desear o rechazar?,
¿qué se podría encontrar distinto del propio Ser?».

(SHANKARA)

LA oración se dirige explícitamente al término del Deseo esencial, lo invoca, busca alcanzarlo y perderse en Él. Recoge el anhelo orientado hacia el Tú más radical y fontal, origen de todos los yoes separados, y los reintegra en su Unidad Primera. En la plegaria hacemos explícito este anhelo de Dios, esa Otreidad que primero localizamos fuera, pero que luego vamos descubriendo como la sustancia misma de nuestro ser. Pero para que se vaya dando la revelación de esta Cercanía hemos de aprender a desearla de otro modo que las cosas, porque Dios no es un Objeto separado del sujeto que somos, sino que es el Fondo de nuestro fondo de donde nace el deseo.

Orar es salir del propio ensimismamiento liberando nuestras necesidades autocentradas, que refuerzan nuestro aislamiento, para ir abriéndonos en un proceso que comienza con el ansia de una petición y culmina en el éxtasis del abandono. En la oración se da una maduración que va desde el grito por el dolor propio o ajeno hasta el silencio ante la única Presencia que lo contiene todo, apaciguando toda forma de ansiedad y toda conciencia de separación. Entre ese inicio y ese término andan las palabras y los cánticos que se pronuncian como balbuceos de dolor, de agradecimiento o de amor. Así se recorre toda la aventura de la individuación, tanto personal como colectiva, desde la angustia del ser escindido hasta el retorno a la Unión.

1. El cántico y el gemido

El lamento es expresión y desahogo del anhelo por el encuentro. Aparece en la oración, porque en ella se recogen todos los registros de lo humano. Difícil es la separación para una existencia que ha entrevisto el Rostro. Cuando la nostalgia irrumpe o se instala, sólo queda el gemido, incluso el aullido, como un reproche o como una llamada lanzada a un Tú infinito. Somos parte del mar, pero el ser humano se siente aislado en su propio bloque de hielo, a millas de distancia del océano. Así lo expresaba Rûmî:

«La nieve murmura constantemente:

"Me fundiré, me convertiré en un torrente,
y fluiré hacia el mar, ¡porque soy parte del océano!"

Estaba solo, me helé de frío,
y las garras de la aflicción me trituraron como si fuera
¡un trozo de hielo!»[1].

Estando en Dios no percibimos a Dios, encerrados en la cápsula de nuestro propio contorno. Somos gotas en el mar, pero prevalece la conciencia de ser gota sobre la de ser mar. Tenemos sed de la sustancia que somos:

«Como la cierva busca las corrientes de agua,
así te busca mi alma, Dios mío;
mi alma tiene sed, sed del Dios vivo;
¿Cuándo veré a Dios cara a cara?» (Sal 42,2-3).

El alma derrama lágrimas (Sal 42,4) procedentes de la misma agua en la que está inmersa. Y estas corrientes saladas aumentan la sed:

«Mi garganta tiene sed de ti;
mi carne tiene ansia de ti,
como tierra reseca, agostada, sin agua» (Sal 63,2).

Y, sin embargo, estamos en el mar. Es la conciencia encerrada en su propia autorreferencia la que se siente separada. Orar es lanzar el propio clamor como una flecha hacia la diana para suprimir la distancia.

Con todo, el grito y el gemido no son siempre de agonía. También son de gozo y de estremecimiento. En el cristianismo, San Agustín y Gregorio de Nisa son los grandes trovadores del deseo. Dice el primero:

«Tu deseo continuo es tu voz continua. Tu mismo deseo es tu oración; si tu deseo es continuo, continua se-

1. Divan-I-Shams, 1033.

rá tu plegaria. ¿Cuándo se adormece tu oración? Cuando se enfría tu deseo. Deseemos, pues, sin cesar»[2].

Este anhelo es un dinamismo inacabable de crecimiento que es expresado así por Gregorio de Nisa:

> «A medida que el deseo de una cosa buscada es satisfecho, provoca otro deseo en relación con aquel que encuentra vacante; y cuando éste ha sido saciado, se encuentra vacío por el siguiente, sin que esto cese jamás de reproducirse en nosotros»[3].

El avance hacia el Ser se produce por medio de una alternancia de presencias y ausencias –«Salí tras ti clamando, y eras ido»– que van afinando la cualidad del deseo, a la vez que lo van ensanchando y fortaleciendo:

> «Progresar (*prokóptein*) y ascender sin cesar es el auténtico modo de gozar del Amado. El deseo colmado engendra un nuevo deseo de la realidad sobrenatural. En la medida en que el alma es despojada del velo de la desesperación y ve la Belleza inesperada y desbordante del Bienamado, revelándose siempre mayor, experimenta entonces la tensión de un deseo cada vez más ardiente»[4].

Esta persistencia del deseo no es obsesión ni repetición, sino que supone una transformación de quien desea. Porque no todo deseo de Dios lleva a Dios aunque

---

2. *In Ps 3,13* y *Sermón 80*, citado por: MIQUEL ESTRADÉ, *Fuit Vir*, Saurí, Montserrat 1987, p. 113.
3. *Vida de Moisés*, Sígueme, Salamanca 1993, II, 61. Vuelve a hablar de ello en: I,5-8; II,238-239; 306-307.
4. GREGORIO DE NISA, *Comentario al Cantar de los Cantares*, Homilía 12, Sígueme, Salamanca 1993, p. 198.

tenga a Dios como último término, en la medida en que el ser humano existe constitutivamente como *capax Dei,* «capaz de Dios». Pero para que el deseo de Dios, que es la culminación y la meta de todas las aspiraciones, nos lleve a Dios, se ha de purificar. Sólo así su deseo se encuentra con el nuestro en un éxtasis recíproco. Depurar el deseo consiste en descentrarlo y desapropiarnos de él; tender hacia Dios, no porque colme el propio vacío, sino porque lo dilata todavía más, cambiándolo de signo: no para calmar la angustia de nuestra carencia, sino para abrirlo a una mayor capacidad de receptividad y de donación. Este espacio desalojado deja lugar a Dios, tal como su deseo desapropiado de sí ha hecho que se vertiera en nosotros y en cada cosa, dándonos el ser y dando ser a los seres.

Así como el deseo de Dios por nosotros es apertura y no devoración, despojo de sí para que seamos, así también en nuestro deseo de Él tiene que haber desapropiación para que nos devuelva a Él. De aquí las *nadas* de Juan de la Cruz. De nuevo hallamos con toda radicalidad el ritmo ternario que hemos ido repitiendo: saciedad, contención, trascendimiento, siempre en ascenso, aunque no sin retrocesos. No hay crecimiento sin noche. La noche es el despojo de lo antiguo para que la aspiración por el Encuentro no se convierta en una mera repetición, sino que sea gestación de lo nuevo. El camino de la madurez consiste en no temer dejar lo conocido para adentrarse en lo que está por conocer.

2. Atravesar imágenes y palabras

Las diversas tradiciones disponen de unas pautas que facilitan el tránsito porque otros ya han recorrido el camino. Todas ellas hablan de estaciones y valles del vacío, de la ausencia, de la extinción. Los maestros que nos preceden indican pasajes y parajes iniciáticos hacia esos orígenes que están al final. Las religiones son mapas con topografías que hay que descifrar: puertas, túneles, corrientes, puentes sobre abismos y senderos que conducen hasta donde ya no hay camino. Nutren con sus textos, relatos, palabras, imágenes. En la oración trabajamos con todo ello y aprendemos a hacerlos nuestros. Este material simbólico atrae y dirige el deseo para ayudarnos a salir de la orilla de la necesidad, pero podemos quedarnos atrapados si hacemos de ello nuestros trofeos de los que no podemos prescindir. Siendo pasajes, pueden convertirse en prisión.

La presencia de palabras e imágenes sirve para estimular la entrega de nosotros mismos, no para eludirla. Detrás del Tú que invocamos está cada cual con una existencia por ofrendar. Para cubrir ese espacio que existe entre ese Tú y nosotros, las religiones ofrecen un lenguaje en el que podemos ocultarnos sin acabar nunca de entregarnos. La investidura afectiva con que cargamos nuestros vehículos sirve para que nos adhiramos con firmeza a ellos y podamos iniciar el camino; pero para proseguir también hay que soltarlos. Ni la palabra ni la imagen pueden ahorrar la experiencia del vacío:

«Cuando reparas en algo,
dejas de arrojarte al todo;

porque, para venir del todo al todo,
has de negarte del todo en todo;

y cuando lo vengas del todo a tener,
has de tenerlo sin nada querer,
porque si quieres tener algo en todo,
no tienes puro en Dios tu tesoro[5].

El arte de orar consiste en encontrar el vehículo adecuado para cada estadio, de modo que sea un soporte, pero que a la vez permita avanzar, no entretener. No se trata de dar con una técnica, sino con un medio, el medio propicio para crecer a partir de las formas conocidas hacia las desconocidas, al ritmo con que se dan las presencias y las ausencias.

Las mediaciones de la oración pueden ser múltiples, ya que todo es susceptible de convertirse en ocasión para que la individualidad entre en comunión con el Tú que habita en el corazón de cada cosa. Las religiones coinciden en enseñar tres grandes caminos: la acción, la devoción y el conocimiento. Cada uno de ellos es pasaje, a la vez que puede también convertirse en obstáculo.

La acción es mediación cuando uno desaparece en el servicio que realiza, convirtiéndose en pasaje del Ser que se expresa a través de ese acto; pero cuando arrastra expectativas de resultados, entonces la acción se convierte en una trampa para el ego. Tal es el mensaje que el Bhagavad Gita va repitiendo constantemente:

«Concentra tu mente en tu trabajo, pero nunca permitas que tu corazón se apegue a los resultados. Nunca

5. JUAN DE LA CRUZ, *Subida del Monte*, versículos 16-24.

> trabajes por amor a la recompensa y realiza tu trabajo con constancia y con regularidad.
>
> Realiza tu trabajo en paz, lejos de todo deseo egoísta, desapegado del éxito tanto como del fracaso[6].

Éxito y fracaso cortocircuitan el impulso del deseo, que se iba tornando ofrenda, para volver de nuevo sobre las necesidades del yo insatisfecho. Encontramos aquí el viejo tema de la justificación por las obras: creer que lo que nos hace justos es lo que nosotros hacemos, en lugar de entregarnos a lo que se hace en nosotros sin que lo sepamos.

Lo mismo sucede con la devoción: pudiendo ser una de las vías más puras, también se enturbia cuando se pone en ella una exigencia de respuesta. Entonces la persona no crece, sino que camufla sus necesidades afectivas sin renunciar a ellas. «La mosca que se arrima a la miel impide su vuelo; y el alma que se quiere estar asida al sabor del espíritu impide su libertad y contemplación», dirá San Juan de la Cruz[7]. Detectar este apego no es fácil; mantenernos aferrados a él cuando hemos perdido el gusto es lo que experimentamos como *noche*. Pero es precisamente esta pérdida lo que nos permite crecer.

Del mismo modo ocurre en la vía del conocimiento. Hecho de lenguaje, no es un acceso directo a la realidad, sino que interpone una pantalla que «diseña, concibe y simplifica en función de los intereses egocentrados del yo. Se apoya en la memoria, en el pasado, en lo recibido

6. *Bhagavad Gita* 2,47 y 48. Ver también 2, 49-51; 3,25
7. *Dichos de luz y amor,* 24, en *Obras Completas*, Ed. de Espiritualidad, Madrid 1993, p. 97.

de otros, en lo aprendido, en lo aceptado como perteneciente a saberes ya hechos de generaciones anteriores, en construcciones colectivas acreditadas»[8] que pueden alejar de la intuición concreta e inmediata del encuentro que se produce a cada instante, en el aquí y el ahora.

Orar supone, pues, una deconstrucción continua de la acción, del afecto y del concepto –expresado con palabras o con imágenes– para que no sean pantalla y dejen pasar la inmediación de la Presencia en el instante presente.

3. El Océano

Cuando se da la Presencia, ya no hay deseo, porque el deseo existe en la escisión, en la lejanía, en la ausencia. ¿De qué carencia podríamos hablar si «en Dios vivimos, nos movemos y existimos» (Hch 17,28), si la realidad entera es, en lenguaje cristiano, el *pléroma tou Christou,* la «plenitud de Cristo» (Col 1,19)? Cuando se vive en presencia de Quien está en todo momento presente, desaparece el deseo. No es necesario tender hacia nada, porque ya se está en ello. Ha sido alcanzado sin que hubiera nada que alcanzar, porque estaba desde siempre. Tal es la experiencia de los místicos. Mientras haya dualidad entre sujeto y objeto, siempre habrá un yo anhelante de un Tú divino que no se deja prender. En cambio, cuando se silencia la necesidad, desaparece la dualidad entre el yo y el Tú, entre el Tú y la realidad, entre la realidad y el yo.

8. Marià Corbí, *Métodos de silenciamiento,* CETR, Barcelona 2006, p. 73.

Se extingue toda forma de separación. En términos hindúes, se nos dice que nosotros somos Eso: *tat tvam asi*, «tú eres eso»[9]. Las Upanishads insisten en que el deseo de lo Esencial extingue toda otra forma de deseo:

> «Todo está habitado por el Señor, lo que se mueve entre lo móvil. Goza con la renuncia; no desees ninguna otra riqueza»[10].

> «Donde no se ve otra cosa, no se oye otra cosa, no se conoce otra cosa, está la plenitud. En cambio, donde se ve otra cosa, se oye otra cosa, se conoce otra cosa, está lo perecedero»[11].

Shankara, el maestro de la no-dualidad, lo expresa en estos términos:

> «El monje renuncia a los tres mundos: a la tierra, al infierno y al cielo; para buscar solamente el mundo del Absoluto, deja todos los deseos, incluso el de adquirir la perfección, porque ésta no se adquiere como un bien que hay que conquistar o que está todavía por realizar, como si no estuviera ahí, sino que precisamente con la extinción de cualquier deseo aparece lo que siempre *es*. El deseo de Brahman debe ser superado; solamente se puede desear lo que no se ha alcanzado todavía»[12].

Así era el permanente decir silencioso de Ramana Maharsi: no hay que ir tras el Ser (*Âtman*), no es necesa-

---

9. Cf. *Chandogya Up*, VI,8-16; *Kaivalya Up*, 16.
10. *Isa* Up, 1; Ver también: *Brhadaranyaka* Up, IV,4,22.
11. *Chandoya* Up, 7,24; véase también: *ibid.*, 8,1-3.7; *Katha* Up, 1,1,21-29; 2,3,14
12. *Gran Upanishad del Bosque [Brihadâranyaka Upanishad]*, con los comentarios advaita de Sankara, Ed. de Consuelo Marín, Trotta, Madrid 2002, pp. 398-406. La cita está tomada de: RAIMON PANIKKAR, *Espiritualidad hindú*, Kairós, Barcelona 2005, p. 238.

rio desearlo, porque ya somos el Ser. Cuanto más nos afanamos por buscarlo, tanto más nos alejamos:

> «La paz es la realización. No hay ni un solo momento en el que no exista el Ser. Mientras haya dudas o la sensación de que no me he realizado, se deberán llevar a cabo esfuerzos para deshacerse de dichos pensamientos. Estos mismos se deben a la identificación del Ser con el no-Ser [...]. La ignorancia se sobrepone y echa un velo sobre el Ser puro que es la plena felicidad»[13].

Se trata de descubrir que «la existencia es lo mismo que la felicidad, y que la felicidad es lo mismo que ser»[14]. En términos de Patanjali, en el siglo V: «Cuando la consciencia se encuentra completamente liberada del deseo de obtener resultados, se nos revela la verdadera naturaleza de las cosas»[15]. En palabras budistas se nos dice que nuestra naturaleza verdadera es la esencia búdica:

> «Si comprendemos plenamente
> el cuerpo de Buda,
> ya no hay nada.
> La fuente original
> de nuestra propia naturaleza
> es el puro y el verdadero Buda»[16].

Esta esencia se revela en el estado de vacuidad (*sûnyatâ*), en la medida en que se ha extinguido la refe-

---

13. *Sé lo que eres. Las enseñanzas de Sri Ramana Maharshi*, Tiruvannamalai 1994, p. 28.
14. *Ibid.*, p. 29.
15. *Aforismos del Yoga*, I,47.
16. YOKA DAISHI, *Canto del inmediato satori*, Kairós, Barcelona 2001, p. 18. Véase también: DOGEN, *La naturaleza de Buda [Shobogenzo]*, Obelisco, Barcelona 1989.

rencia a un yo deseante. No tiene sentido alguno buscar ni anhelar, porque ya somos lo que honda y radicalmente deseamos.

Sin embargo, Dios no queda agotado en nosotros. Que Dios es Dios –de *dyaus,* «brillar a través»– significa que, sin dejar de estar en todo, lo sobrepasa todo y está siempre por alcanzar. Esta dialéctica hace que en la mayoría de las tradiciones místicas haya dos corrientes: la cognitiva y la afectiva. La primera accede por la conciencia a esa totalidad omnipresente que aplaca el deseo; la afectiva o relacional (*bháktica* o *via amoris*) considera que Dios, siendo lo más cercano, es a la vez el Totalmente Otro; un Otro que no aliena, sino todo lo contrario: abre en la criatura un dinamismo inacabable de crecimiento. En los primeros siglos del cristianismo, estas dos tendencias estuvieron representadas por los alejandrinos (Clemente, Orígenes y Evagrio Póntico) y por los antioquenos (Basilio de Cesarea, su hermano Gregorio de Nisa y Gregorio de Nacianzo[17]); más tarde, por la mística renano-flamenca y la franciscana, respectivamente. Los primeros proclaman que en el estado de unión ya no hay lugar para la búsqueda ni para el anhelo, mientras que los segundos exaltan el dinamismo del deseo como un movimiento constitutivo y permanente del ser humano hacia Dios. El primer camino, más propio de las tradiciones orientales, concibe que en el estado de unión desaparece la distinción entre la parte y el Todo, entre amante y Amado, una superación de la dualidad que se identifica con la experiencia *adváitica* (a-dual), experien-

17. También aquí se situaría Agustín de Hipona.

cia que se convierte también en una perspectiva y un modo de concebir la relación entre Dios y las criaturas, entre el Ser Supremo y los seres contingentes. En palabras de Clemente de Alejandría:

> «El amor no es una tendencia hacia aquel que se ama, sino una intimidad amante que el gnóstico [el conocedor de la no-dualidad] establece en la unidad de la fe, sin que tenga ya más necesidad de tiempo ni espacio. Situado por el amor en los bienes que tendrá, habiendo avanzado la esperanza por el conocimiento (*gnosis*), ya no tiende hacia nada, teniendo ya aquello hacia lo que tendía. Permanece, pues, en la única actitud inmutable, amando de forma gnóstica [no-dual], y ya no tiene deseos de parecerse a la belleza, ya que posee la belleza por el amor. ¿Qué necesidad tiene aún de deseo aquel que ya ha conquistado la intimidad amante con Dios? Ya no necesita pasión»[18].

Con la misma radicalidad –o todavía mayor– dirá el Maestro Eckhart, siglos después:

> «Algunos maestros han dicho que la bienaventuranza reside en el conocer, y otros dicen que reside en el amor; otros incluso dicen que en el conocimiento y el amor, y éstos lo encuentran mejor. Nosotros, sin embargo, decimos que ni en el conocimiento ni en el amor, sino que hay algo en el alma de donde fluye el conocer y el amar, que no conoce ni ama como lo hacen las potencias del alma. Quien conoce ese algo sabe en qué consiste la bienaventuranza. Ese algo no tiene ni un antes ni un después y no espera nada por ve-

---

18. *Stromata,* VI, 9, 73-74.

nir, pues no puede ganar ni perder nada. Ese algo ignora que Dios actúa en él; es más, ese algo goza de sí mismo a la manera en que lo hace Dios».[19]

De este modo, el estado ideal del ser humano es la extrema pobreza, sin deseo alguno de tener, de conocer ni de querer, en una vaciedad y una quietud que se asemejan a las de Dios: «Dios mismo está vacío de todas las cosas, y por ello es todas las cosas»[20]. El propio vacío une con Dios, a la vez que extingue toda forma de deseo. Sin embargo, en la tradición cristiana más bien prevalece la segunda corriente, la *via amoris,* que implica la permanencia del deseo hasta el final. Retomando a Gregorio de Nisa:

> «Cuanto más es llenada el alma de gozo, tanto más arde la fuerza de sus deseos. La participación de los bienes divinos la hace más grande y más capaz, aumentándole la fuerza y la grandeza a quien los recibe, de modo que, alimentándolo, le aumenta la capacidad de asimilar, y así no deja jamás de aumentar su capacidad de recibir más»[21].

La fe cristiana concibe la vida intradivina como una relación extática entre las tres Personas. Cada una se busca y se encuentra en la Otra de sí, en un dinamismo continuo de salida y retorno, de expansión y contracción, de aparición y desaparición de universos, el ritmo del Ser, que a nuestra pequeña escala se reconoce en el olaje del

19. Sermón «Los pobres de espíritu», en *El fruto de la Nada,* Siruela, Madrid 1998, p.78.
20. *Ibidem.*
21. *Diálogo sobre el alma y la resurrección,* citado por JEAN DANIÉLOU, *Platonisme et théologie mystique,* Aubier, Paris 1944.

mar, en los latidos del corazón y en cada respiración. Así, en el Fondo donde todo es sigue dándose la paradoja de que, estando los seres plenamente colmados, siguen abiertos. Así explicaba Henri Michaux una de sus experiencias místicas:

> «Yo, testigo maravillado, emprendía por fin mi vana vida viajera por el camino milagroso. Pero ese "por fin" no significa reposo. No tenía ningún reposo. No podía dejar ni un instante de estar de nuevo colmado, en la medida o, más bien, en la perfectamente noble, magnífica y exorbitante desmesura que es la verdadera medida y capacidad del hombre, del hombre insospechado»[22].

Más claramente todavía, Michel de Certeau describe con estas palabras lo que es un místico:

> «Es aquel o aquella que no puede dejar de avanzar y que, con la certeza de Aquel que le falta, sabe de cada lugar y de cada objeto que no es eso, que no se puede instalar aquí ni contentarse con eso otro. El deseo crea un exceso. El deseo le excede y, excedido, traspasa los lugares y se pierde, porque hay que ir siempre más allá, siempre a otro lugar. El místico no habita en ninguna parte, sino que es habitado»[23].

El deseo es ese dinamismo que hay en el corazón de las personas y de las formas y que impulsa a unas y otras a salir de sí mismas, así como Dios es impulsado en di-

---

22. *L'infini turbulent,* Mercure de France, Paris 1984 [*El infinito turbulento*, MCA, Valencia 2000], p. 77, citado por MICHEL HULIN, *Mística salvaje* [1993], Siruela, Madrid 2007, p. 221, nota 131.
23. *Le voyage mystique,* Recherches de Science Religieuse & Cerf, Paris 1988, p. 21.

rección inversa hacia nosotros. La individuación es la condensación del deseo que ha quedado confinado, separado de la totalidad. Ello hace que cada contorno quiera salir de sí hacia el Fondo del deseo sin forma. El hambre, la sed, el afecto, el poder, la belleza, el conocimiento... son los diversos paisajes por donde pasa el deseo en busca de su Fuente, de su Horizonte total. Atraviesa todas las formas y modos hacia ese Fondo sin fondo que subyace tras ellas engendrándolas sin cesar.

En este flujo y reflujo del deseo del Ser hacia los seres y de los seres hacia el Ser, en este movimiento permanente hacia fuera y hacia dentro de lo Real, acontece la aventura de lo existente y se reparte en todas sus escalas. Nosotros, los humanos, tomamos conciencia de ello a partir de nuestro nivel de realidad, y desde él podemos atisbar algo de lo que sucede en las demás criaturas, así como en el mismo Ser esencial del que somos participación.

Epílogo:

Somos deseo de Dios

De la mano del sufismo podemos concebir la relación entre Dios y las criaturas de la siguiente forma: el Absoluto experimentó deseo en su soledad, tal como dice un hadiz: «Yo era un tesoro escondido y quise ser conocido; por eso creé el mundo». Entonces produjo la creación a modo de espejo, para que reflejara sus manifestaciones. Dios, capaz de desear, trajo a la existencia las cosas nombradas, en consideración del anhelo de los nombres divinos, que se encontraban solos, sin resonancia. Esta sed infinita de Dios se encuentra reflejada en la sed infinita de las criaturas que suspiran por su patria. Así adquiere toda su fuerza el concepto de *khamyaza,* literalmente, «abierto», es decir, «deseo infinito». El deseo de la orilla de abrazar el océano entero hunde sus raíces en el deseo mutuo del Creador y las criaturas[1].

De este modo queda sintetizado el recorrido que hemos hecho en dos movimientos: desde la inmanencia hemos visto desplegarse el deseo y ascender desde las honduras primigenias de las criaturas, formas separadas en busca de plenitud de su individualidad, a la que han de

1. Cf. Henri Corbin, *La imaginación creadora en el sufismo de Ibn 'Arabi,* Destino, Barcelona 1993, particularmente pp. 127-161.

renunciar para abrirse más y más; y desde la trascendencia lo hemos visto descender y despojarse desde la plenitud del Ser esencial hasta la finitud de cada contorno. En cada instante del presente tiene lugar el encuentro de ambos oleajes, y cuando esto acontece conscientemente, ambos deseos se calman, porque se han alcanzado mutuamente: la criatura sale de su individuación hacia el Ser total, y el Ser total aquieta su anhelo de darse en el receptáculo abierto del ser individual.

Somos seres extáticos, en continua expansión, proyectados sin cesar fuera de nosotros hacia ese Fondo sin fondo que, estando más allá de todo, está en nuestra propia profundidad y en la profundidad de las cosas. El Deseo esencial funda una permanencia y una apertura; una permanencia que no encierra y una apertura que no dispersa.

Nuestra existencia comienza por un tomar y culmina en un darse. Es el «Tomad, Señor, y recibid» del final de los *Ejercicios* ignacianos, donde se expresa una radical reciprocidad entre Dios y las criaturas, en un reconocimiento creciente de la presencia de Dios en todas las cosas, a las cuales da el ser con su propio Ser. Pero para que se produzca tal reconocimiento hay que haber educado las diversas manifestaciones del deseo, para lo cual hemos visto que hay que encontrar el equilibrio entre dinamismo y contención. El dinamismo sin contención es arrollador. La contención sin dinamismo es amputación o represión. De la armonía entre ambos resulta un proceso ascendente hacia ámbitos superiores que nos va desegocentrando y nos va acercando al origen y meta de lo que deseamos. En el término de esta cercanía alcanzamos la Presencia, que es la otra cara de la carencia. Por la carencia –a causa de ella y gracias a ella– somos impulsados a buscar, tanto como Dios nos busca a nosotros. Cuando, en esta mutua búsqueda, nos encontramos, se da la Plenitud, siempre presente, pero que adopta el aspecto de la ausencia para estimularnos mutuamente en el deseo de alcanzarnos. La búsqueda aumenta el caudal del encuentro; y cuando éste se da, se hace más honda y gozosa la unión.

Surgidos del deseo de Dios, somos su deseo, y por ello tenemos deseo de Él. La vida es el medio del deseo divino, el ámbito por el que todo anhelo se expande y se transmuta. Las criaturas, al tener sed de Él, Le hacemos retornar a sí mismo a través de nuestro deseo, que es el suyo vertido en nosotros.

> «Hay un famoso río, lleno de agua de la vida.
> ¡Oh inconsciente y sediento, ven!
> Bebe agua, para poder alimentar el jardín de tu espíritu.
> Si no puedes ver el agua de la vida,
> deja que los maestros religiosos te guíen hasta el río por la que fluye.
> Sumerge luego ciegamente una jarra en él,
> y cuando sientas que pesa,
> sabrás que se ha llenado de agua.
> El tiempo pasa, y la caudalosa agua va desapareciendo.
> ¡Bebe antes de que te desplomes por no haber saciado tu sed!»[2].

---

2. JALAL AL-DIN RÛMÎ, *Masnavi,* III, 4.300-4.308.